PODER
para
Reinventarte

PODER
para
Reinventarte

CÓMO ROMPER LOS PATRONES
DESTRUCTIVOS EN TU VIDA

JASON FRENN

New York   Boston   Nashville

PODER *para* Reinventarte
Título en inglés: *Power to Reinvent Yourself*
© 2010 por Jason Frenn
Publicado por FaithWords
Hachette Book Group
237 Park Avenue
New York, NY 10017

A menos que se indique lo contrario, todos los textos bíblicos han sido tomados
de la Nueva Versión Internacional® NVI® © 1999 por la Sociedad Bíblica
Internacional. Usada con permiso.

FaithWords es una división de Hachette Book Group, Inc.
El nombre y el logo de FaithWords son una marca registrada de Hachette Book
Group, Inc.

ISBN: 978-0-446-56882-1

Visite nuestro sitio Web en www.faithwords.com

Impreso en Estados Unidos de América

Primera edición: Octubre 2010

10 9 8 7 6 5 4 3 2 1

Para

Una gran persona
Una gran cristiana
Un gran ejemplo
Una gran mamá

Roberta Hart

Índice

Reconocimientos

GRACIAS, DIOS, POR LLEGAR a mi corazón y darme vida y libertad. Toda la verdad, la perspectiva y el poder que se encuentran en las páginas de este libro vienen de ti. Gracias por darme una familia tan estupenda (pasada, presente y futura), ¡y por ayudarme a romper las cadenas!

Gracias, Cindee, Celina, Chanel y Jazmin (las señoras de mi vida) por alentarme, inspirarme y apoyarme en este proyecto. Soy uno de los hombres más afortunados del planeta, porque ustedes son algunas de las personas más maravillosas que conozco. Doy gracias a Dios por darme el privilegio de tenerlas en mi vida.

Gracias, mamá, por tu maravilloso apoyo en este

proyecto. Estoy muy orgulloso de ser tu hijo. Tú te has convertido en un ejemplo sobresaliente de lo que el poder de Dios puede hacer en la vida de un individuo, y por eso me agrada dedicarte a ti este libro.

Gracias, Richard y Janice Larson, por ser una maravillosa familia política y por compartir dos estupendas historias conmigo que tendrán un gran impacto en quienes lean este libro.

Gracias, papá y PJ, por estar siempre ahí con un corazón tierno y una actitud alentadora. Me gusta ver el crecimiento y la madurez en sus vidas a lo largo de los años. Gracias por amarme tan fielmente.

Gracias, Steve Larson y Melodee Gruetzmacher, por tomar el tiempo de estudiar este documento y ayudarme a llegar a ser un mejor escritor. Les amo y les aprecio, y me considero un cuñado muy afortunado de ustedes.

Gracias, Kathleen Stevens, por estudiar este libro varias veces. Eres una editora de primera con un corazón para ayudar a las personas a entender la verdad y experimentar nuevos comienzos. Fue un honor trabajar con alguien de tu calibre.

Gracias, Holly Halverson, por ser la editora principal y dar una guía general sobre el proyecto. Dios te ha dado un don maravilloso, ¡y todos los que te conocen sienten lo mismo! Gracias por participar cuando lo hiciste y ayudarme a hacer de este libro lo que ha llegado a ser.

Gracias, Joey Paul, por tu amistad, sabiduría e interés espiritual por la gente. Hachette Book Group es una compañía más grande debido a tu presencia en la organización.

Gracias, Rolf Zettersten y Harry Helm, por invitarme a ser parte de la familia FaithWords. Soy un autor muy orgulloso de trabajar con una organización tan excelente. Gracias, Shanon Stowe, Preston Cannon, Pamela Clements, y todo el equipo de ventas en Hachette Book Group. ¡Hay muchas personas que sueñan con trabajar con personas tan profesionales y tan capaces como ustedes!

Gracias, Kristin Cole, Jodi Phillip, y A. Larry Ross, por ayudarnos a difundir la noticia. Su amistad es algo que atesoro. ¡No podría hacerlo sin ustedes!

Gracias, Mari-Lee Ruddy, por ser siempre una gran amiga y consejera. Gracias, Rick y Evangeline Zorehkey, por ser ejemplos tan buenos y motivadores para aquellos que necesitan el poder y el amor de Dios.

¿Necesitas el poder para reinventarte?

LA LLAMADA TELEFÓNICA LLEGÓ en uno de los momentos más difíciles de su vida. Casi tres meses después de que ella viera a su único hijo trasladarse con su esposa y su hija a Costa Rica para ser misioneros, el estado físico de su esposo se había deteriorado considerablemente. En el lapso de unos pocos años, él perdió su capacidad de hablar. Había poca esperanza de recuperación. Cuando sonó el teléfono a las 4:00 de la madrugada, la voz al otro lado dijo en tono pesimista: "Lo siento, Sra. Hart. Su esposo falleció esta mañana".

Aquel día, mi mamá, a la edad de cuarenta y seis años, se quedó viuda. Su única compañía era un pequeño perro faldero llamado Peanut. Con el tiempo, ella cayó en una depresión, y cada día las paredes parecían ir acercándose un poco más.

Después de la muerte de su esposo, mi padrastro, la ingesta de alcohol de mamá aumentó sustancialmente. Cada día a las 5:00 de la tarde ella se preparaba la primera de muchas copas. Para medianoche, ella había consumido casi un litro y medio de vino.

Una noche, llegó a su límite y me llamó a Costa Rica desde los Estados Unidos: "Mi esposo murió y me convirtió en viuda —me dijo—; mi nieta ya no vive en este país. Te veo cada tres o cuatro años. No tengo trabajo. No tengo amigos. No tengo familia. ¡No tengo vida!". Entonces ya no hubo más palabras, sólo sollozos.

Fue un momento doloroso. Cualquier cosa que yo pudiera haber dicho, ya se había dicho. Cualquier palabra de consuelo no habría encontrado un hogar en su corazón. Aun si eso sucediera, el alcohol las habría borrado en cuestión de minutos. Solamente por la gracia de Dios, mamá se las arregló para pasar los siguientes meses. Dado el hecho de que nosotros vivíamos a más de tres mil millas de distancia, había pocas opciones a excepción de orar.

Una tarde, la pareja de mediana edad que eran

vecinos invitó a mamá a que se uniera a ellos para tomar unas bebidas y unos entremeses. Al principio ella dudó, porque estaba intentando beber menos. Los vecinos eran amables, sin embargo, y ofertas como esa no llegaban todos los días; así que aceptó la invitación a una breve visita. La conversación era animada; la atmósfera era agradable. Quizá fuera la primera vez en meses que ella se divertía.

Después de varias horas, la celebración comenzó a tocar a su fin. Mamá dio las gracias a sus anfitriones y se dirigió hacia la puerta. Para entonces ya estaba oscuro. Dio unos cinco pasos fuera y se dio cuenta de que no podía ver nada. La ausencia de farolas en la calle hizo que el viaje hasta su casa fuera desafiante. Los dos vasos de vino tampoco ayudaban. Poniendo con cuidado un pie delante del otro, continuó el corto camino de regreso hasta su casa.

Después de atravesar el borde de la propiedad y dirigirse a la cuesta cercana a su porche, el zapato de mamá tropezó con el borde de una piedra grande. Antes de que se diese cuenta de lo que sucedía, se cayó de boca en las grandes y dentadas piedras que cubrían el terraplén cercano a su casa. Su nariz quedó fracturada, y su cara con graves cortes. Su cabeza le daba vueltas. Con una pequeña conmoción cerebral, ella de algún modo llegó tropezando hasta su casa, entró, y se dirigió al cuarto de baño.

Se miró en el espejo, y la imagen que la miraba resumía en lo que se había convertido su vida. Ella era una mujer rota. En todo el sentido de la palabra, había tocado fondo. Con lágrimas cayendo por sus mejillas, mezcladas con regueros de sangre de su nariz, mi madre intentó con cautela limpiarse las heridas; pero era demasiado doloroso. Necesitaba ayuda. Fue entonces cuando acudió a una persona que siempre parecía tender una mano de ayuda. Llamó a una amiga, quien acudió inmediatamente.

Mientras su amiga comenzó a limpiar los cortes en la cara de mamá, dijo: "Dime, Roberta, ¿cómo te ha pasado esto?". Mi mamá le contó toda la historia. Su amiga escuchó con atención y siguió retocando sus heridas. Cuando mamá concluyó, su amiga se detuvo un momento y preguntó si podía ofrecerle un sencillo consejo. Mi mamá le dijo que sí. Entonces su amiga le preguntó: "¿Por qué no darle una oportunidad a Dios? ¿Por qué no vienes conmigo a una clase donde puedes aprender sobre Dios?".

De todas las posibles preguntas que su amiga podía haberle hecho, aquellas eran las más importantes. El momento de despertar de mi madre se acercaba rápidamente. Las anteojeras que ella llevaba comenzaban a caerse, y ella pudo ver su vida como verdaderamente era. Sus relaciones estaban llenas de conflicto; no había dominado su forma de beber y era incapaz de corregir su propio curso destructivo. El daño físico en su cara era una fuerte indicación de que ella tenía que hacer un cambio, y con rapidez. Aquel fue un momento decisivo en su vida. Aquella noche, ella llegó a entender lo más importante de todo: necesitaba iniciar una relación con Dios.

A la mañana siguiente, mi mamá —limpia y sobria— tomó la decisión de clamar a Dios y hacerle Señor de su vida. Oró: "Dios, solamente tú puedes ayudarme a cambiar mi vida. Tú y yo tendremos que hacer que suceda". Durante los seis meses siguientes, ella trabajó diligentemente para romper los patrones de destrucción y vencer todo lo que la había atado.

Aunque mi mamá no asistió a ningún programa de rehabilitación para alcohólicos, fue a clases con su amiga y comenzó a leer la Biblia. Cada día, pasaba tiempo en oración, y finalmente asistía a la iglesia regularmente. Su mente fue renovada; su espíritu fue rejuvenecido; su alma descubrió esperanza; su cuerpo se recuperó de años de intoxicación.

Meses después de su episodio, mi esposa y yo notamos una diferencia en la conducta de mi mamá. Ella seguía siendo pesimista y, a veces, muy solitaria; pero Dios le dio la fuerza para dejar de beber, y durante el curso de dos años ella se convirtió en una persona totalmente diferente.

En la actualidad, continúa practicando las cosas que le ayudaron a ser libre. Durante los últimos años, ella se ha prestado voluntaria fielmente en muchas de nuestras cruzadas en ciudades realizadas en los Estados Unidos. Mi madre se ha convertido en una cristiana sobresaliente y un ser humano bondadoso.

Han pasado casi quince años desde su grave combate con la depresión y el alcoholismo. ¿Qué marcó la diferencia? Ella decidió colaborar con Dios, y juntos formaron buenos y sanos hábitos que sustituyeron a los destructivos. Hoy día ella es una mujer de Dios, respetada por amigos y familiares. Ella es un gran ejemplo de alguien que pudo vencer los patrones destructivos en su vida.

Las buenas personas que provienen de buenas familias son capaces de hacer elecciones que hacen descarrilar sus vidas durante décadas. Otras personas provienen de hogares disfuncionales donde no hay aparentemente esperanza de romper el círculo. Sin considerar si tu trasfondo es sano o disfuncional, creo que puedes tener acceso al poder para reinventarte. Eso es lo que me motivó a escribir este libro para ti.

¿Hay algo que quieras cambiar en tu vida? Si es así, ¿qué es? La mayoría de las personas quieren ser felices, sanas, y económicamente estables. ¿Eres tú todas esas cosas? Las personas también quieren tener buenas amistades, paz mental, y sanas relaciones familiares. ¿Tienes tú todas esas cosas? Puede que estés batallando con una adicción o pensamientos suicidas que parece que no puedes evitar. Al escribir este libro, estoy convencido de que Dios quiere darte el poder para eliminar los patrones destructivos en tu vida. Él quiere ayudarte a vivir la vida en abundancia (Juan 10:10). Él quiere darte libertad, gozo, paz, y los deseos de tu corazón (Salmo 37:4). ¡Él quiere capacitarte para vivir una vida victoriosa! Por tanto, si no estás viviendo la vida que quieres, algo necesita cambiar.

¿PUEDE ESTE LIBRO CAMBIAR TU VIDA?

Puede que te preguntes qué ofrece este libro que otros no ofrecen. De los millones de obras escritas que hay en el mundo, ¿qué hace a este libro único y digno de leerlo? Permíteme compartir por qué creo que te beneficiarás de la lectura de este libro.

Ahora más que nunca, las personas se sienten atascadas, y están hartas de vivir en modo de supervivencia.

Los padres tienen temor a transmitir su bagaje a sus hijos. Los cónyuges no quieren que sus matrimonios terminen en un amargo divorcio. Las personas están cansadas de sentirse indefensas ante las adicciones que parecen no poder vencer. No quieren que el dolor de viejas heridas evite que sigan avanzando. No quieren sabotear su capacidad de subir por la escalera corporativa del éxito. Todos queremos ser libres de las cosas que nos refrenan.

En esencia, todos estamos buscando verdadero poder, el poder que nos da victoria sobre las cosas que nos han mantenido en ciclos de frustración y derrota. Todos queremos experimentar verdadera libertad y paz mental. Todos queremos poder para reinventarnos. ¿Y tú? ¿Estás viviendo la vida que siempre has querido, o estás simplemente flotando en el agua? ¿Estás buscando verdadero poder?

Este libro ofrece una buena perspectiva para romper los patrones destructivos en nuestras vidas, especialmente los que se han traspasado de una generación a la siguiente. Se enfoca, principalmente y sobre todo, en el cambio personal mediante una colaboración con Dios. Está lleno de convincentes ejemplos bíblicos y poderosas historias personales que demuestran cómo Dios puede transformar cualquier vida; especialmente la tuya.

Como resultado de implementar los principios que aprendas en este libro, experimentarás victorias en tu vida personal, tu matrimonio, tu familia y tu carrera. Este libro te equipará para caminar en libertad de pasadas heridas, algo que llega con una verdadera relación con el Dios vivo. Si quieres experimentar una importante victoria y disfrutar la vida que has soñado tener, entonces, sin ninguna duda, vale la pena leer este libro. Si quieres experimentar verdadera libertad de las cadenas que te han retenido, ¡entonces este libro puede definitivamente cambiar tu vida!

En los capítulos siguientes aprenderás seis pasos necesarios que te ayudarán a vivir la vida que Dios quiere para ti y a dejar atrás las cosas que te atan. El capítulo 1 explica que primero necesitas descubrir tu razón para el cambio: tu *porqué*. El capítulo 2 habla sobre cómo Dios puede ayudarte a cambiar radicalmente tus percepciones y así cambiar tu corazón. El capítulo 3 te ayuda a identificar los patrones destructivos que te mantienen atascado en modo de supervivencia. En el capítulo 4 aprenderás cómo formar buenos hábitos que inevitablemente te ayudarán a dar un salto espectacular en muchas áreas de tu vida. El capítulo 5 te ayudará a experimentar libertad de heridas del pasado aprendiendo a perdonar y a recibir perdón. El capítulo 6 te alienta a establecer una red de amigos de confianza para que ellos puedan reforzar la obra que Dios ha hecho en tu vida.

Si quieres entrar en contacto con el verdadero poder que sólo Dios puede ofrecerte, gira la página, y comenzaremos juntos el viaje.

CAPÍTULO 1

Descubre tu porqué

¿CÓMO COMIENZA EL CAMBIO? No comienza cuando entendemos los errores que cometimos y entonces tratamos de corregirlos. Por el contrario, el primer paso para romper patrones destructivos es descubrir la razón por la que queremos cambiar. Es la razón la que nos tumba de nuestros asientos y hace que nos movamos en una cierta dirección. Esto se conoce como el *porqué*.

Al ser conferencista internacional, constantemente me preguntan: "¿Cómo puede alguien cambiar?". Para que se produzca un cambio, el *cómo* no es tan importante como el *porqué*. Ya sea que quieras hacer dinero, perder peso, romper una adicción, detener una conducta abusiva, ascender en tu trabajo, llegar a ser el mejor en tu campo, o simplemente ser un buen ser humano, descubrir la razón por la que quieres cambiar es la clave. Hay muchos libros sobre *cómo* perder peso, hacerse rico, ser un mejor padre, educar buenos hijos, y construir un maravilloso matrimonio. A pesar de la victoria que busques, solamente tú puedes responder *por qué* quieres cambiar. Nunca obtendrás lo que quieres hasta que entiendas plenamente tu *porqué*.

¿Por qué es tan importante tu *porqué*? Es la motivación que te impulsa a avanzar cuando tienes ganas de seguir igual. Cuando carezcas de la energía para cambiar, finalmente te preguntarás: "¿Por qué debería hacer esto?". Si tu respuesta no es convincente, entonces tu *Sí, pero. . .* superará a tu porqué.

EL *SÍ, PERO*. . .

¿Hay alguna excusa que utilices para evitar hacer lo que deberías? Quizá hayas dicho: "No tengo suficiente tiempo. No tengo suficiente dinero. No tengo los contactos adecuados". O quizá hayas dicho: "Me encanta demasiado la comida. Realmente me encanta ir de compras y no puedo resistirme a una oferta. Me siento demasiado abrumado y no tengo la energía para pensar en el cambio". Eso es lo que yo llamo el *Sí, pero...* Cuando tu *Sí, pero...* (tu excusa) es mayor que tu *porqué* (tu razón para cambiar), siempre te sentirás frustrado. Te sentirás atado al status quo y atascado en los patrones de destrucción.

Mi mamá podría haber permitido que una excusa evitase que tomara la decisión más importante de su vida. Pero eso no sucedió. ¿Por qué? Porque su *porqué* se volvió más importante que ninguna excusa. Ella no permitió que una excusa fuese mayor que su motivo para hacer lo que ella necesitaba hacer.

En lugar de permitir que las excusas eviten que avances, enfócate en una razón importante para el cambio. Entonces tu *porqué* será mayor que tu *Sí, pero...*, y se pondrá el fundamento para el cambio.

¿QUÉ CONDUCE AL CAMBIO?

Al comenzar nuestro viaje hacia reinventarnos, necesitamos abordar una importante pregunta más: ¿por qué cambian las personas? La respuesta es sencilla. Cambiamos porque quedarnos igual se vuelve inaceptable. Generalmente, alteramos nuestra dirección o conducta por una de cuatro razones. Es importante encontrar la que funcione para ti: eso te impulsa en todo momento hacia el cambio que buscas.

Cambiamos porque tenemos temor

La razón más común para cambiar es el *temor*. Tenemos temor a perder algo. Un destino funesto —temor a la muerte, a perder nuestra casa, a perder amigos, a perder nuestro trabajo, a perder a nuestra familia, a perder a nuestro cónyuge, o a perder algo de mucho valor— se cierne sobre nuestra cabeza. Quizá temamos castigo físico, emocional o económico como resultado de nuestro actual curso de acción.

Ciertos individuos cambian sus caminos solamente después de una cirugía de bypass o cuando afrontan la bancarrota. Algunas personas cambian porque un cónyuge les plantea un ultimátum. Quizá cambien porque su jefe les agarra haciendo algo ilegal, y no quieren ser despedidos. Con el tiempo, sin embargo, las personas pueden llegar a ser insensibles a sus temores y, como resultado, regresan a la misma conducta que les condujo por el camino destructivo al principio. Por tanto, el temor, aunque es un potente motivador, puede que no funcione para todos.

4

Cambiamos porque queremos alcanzar una meta

Las personas también cambian porque fijan sus corazones en algo y harán cualquier cosa para lograrlo. Las modelos pierden peso. Los inversores recaudan dinero. Los estudiantes sacrifican horas de sueño. Los deportistas entrenan por años. Los misioneros se trasladan al otro lado del mundo, viven en un país extranjero, y aprenden un nuevo idioma. ¿Pero qué sucede cuando alcanzamos la meta? ¿Qué sucede cuando obtenemos lo que queremos? La zanahoria que está delante de nuestros ojos debe ser constantemente endulzada para que nos impulse a avanzar. Con mucha frecuencia, avanzamos hacia algo nuevo. La motivación por la meta puede ser una potente motivación, en gran parte como el temor.

Cambiamos porque estamos indignados

Esta razón me resulta humorística. Lo denomino razón para el cambio *estoy profundamente indignado*. Miramos un montón de perchas llenas de ropa y decimos: "No tengo nada que ponerme. Nada me sirve". Entonces musitamos para nosotros mismos: "No hay modo en que me ponga un chándal para ir a la iglesia. ¡Mejor no ir!". Estamos cansados de no tener nada en nuestra cuenta bancaria. Estamos hartos de nuestro cabello, de nuestras lentes, de nuestros muebles, de nuestro trabajo, de nuestra ignorancia, o de cualquier otra cosa que parezca irritarnos.

Recientemente, engordé unos kilos. No estaba contento por ello, pero al menos seguía teniendo un par de pantalones de vestir que me servían. Una mañana me dirigía hacia una cárcel para hablar. Me detuve en mi cafetería favorita y pedí mi bebida favorita. Cuando me fui a mi auto y me senté, oí un ruido que sonó a una raja en la tela del asiento del conductor, así que me bajé para inspeccionar el daño. No vi nada. El asiento se veía intacto; sin embargo, sentí una corriente de aire por mi parte trasera. Me giré y vi a un par de personas sonriéndome desde el otro lado del aparcamiento. Cuando miré por encima de mi hombro hacia abajo, descubrí que mis pantalones se habían rajado desde la cintura hasta llegar a la pernera. No iba a aparecer en una cárcel y hablar vestido de ese modo. No es necesario decir que encontré una razón para perder esos kilos que había engordado. ¿Por qué? Porque estaba *profundamente indignado con* mi peso.

Aunque estar *profundamente indignado con* algo es un potente motivador para el cambio, puede que no funcione para todos. Después de todo, ¿qué sucede cuando alcanzamos nuestra meta? ¿Cómo mantenemos nuestro nuevo estatus? La respuesta es que no podemos. Nadie puede estar indignado consigo mismo y seguir motivado para cambiar durante un largo periodo de tiempo.

Cambiamos porque queremos estar sanos

Otra razón por la que las personas cambian viene del deseo de crecer y estar sanos. En esencia, se centra en un anhelo de madurar y mejorarnos a nosotros mismos. Si nuestro motivo es bueno, lo más probable es que avancemos. Si nuestra razón es sana y fuerte, las excusas que entretenemos al final se disiparán. Si nuestro *porqué* es estupendo, el *cómo* será fácil de implementar. Ya sea que estés motivado por el temor, las metas, la indignación, o un deseo de simplemente crecer y estar sano, conoce lo que pone combustible en tu tanque, lo que te motiva a cambiar.

Por tanto, cava profundo, sé sincero, y pregúntate: "¿Cuál es la razón detrás de mi deseo de cambiar? ¿Cuál es mi porqué?". Si descubres una razón lo bastante fuerte para cambiar, una que funcione para ti, tendrás el combustible necesario para seguir avanzando en la dirección correcta. Aunque es cierto que llegamos al punto de querer cambiar, Dios es quien da el deseo de hacerlo.

Mi mamá tenía un gran porqué. Ella sabía que necesitaba cambiar, y lo hizo por buenas y correctas razones. Debido a eso, ella ha crecido y se ha desarrollado en su relación con Cristo. El cambio en su vida ha tenido un profundo impacto en su familia y en sus amistades. Todas las áreas de su vida han sido grandemente enriquecidas. Es un cambio que ha perdurado más de quince años.

¿Y qué de tu vida? ¿Lo tienes todo solucionado? ¿Está tu vida enfocada? ¿O estás atascado en los mismos patrones en los que has estado atascado por años? ¿Hay problemas en tu vida que nunca has sido capaz de resolver? ¿Necesitas un avance? Quizá estés preocupado por tu matrimonio, tus hijos, tu familia, tu carrera, tus finanzas, tu salud, o cualquier otro asunto. Si es así, probablemente necesites que te echen una mano, y yo quiero ofrecerte eso.

Si deseas cambiar, tengo buenas noticias para ti, amigo o amiga. Dios quiere que vivas una vida de libertad, no de opresión; de fortaleza y valentía, no de temor y de ansiedad; de gozo y satisfacción, no de depresión y descontento. Ya sea que provengas de una familia maravillosa con una abundante herencia o de un hogar disfuncional. Dios te ofrece el poder para reinventar tu vida.

Sin el poder de Dios, romper el ciclo de los patrones de pecado es casi imposible. Pero con Dios, *todo es posible* (Mateo 19:26).

CAPÍTULO 2

Cambia tus percepciones

ELLA LUCHÓ POR RETENER las lágrimas. Sentada con sus rodillas juntas en el oscuro y frío espacio, la niña de seis años se sentía sola y confundida. Sus hermanos la habían disciplinado y la habían encerrado en un armario. Ella se las arregló para aguantar la respiración entre las olas de sollozos y miró por una grieta en la puerta para observarlos trabajar en sus tareas. Entonces, apoyándose en sus talones, continuó llorando.

Finalmente, su hermano mayor se acercó a la grieta en la puerta como si él supiera el lugar exacto desde donde ella los observaba. Mirando por la grieta, dijo con firmeza: "Margarita, te dejaremos salir, pero sólo

9

si dejas de llorar. Si oímos algo más de ti, ¡estarás ahí dentro toda la noche!".

Con el tiempo, ella aprendió a protegerse de quienes le hacían daño formando un muro emocional para evitar el dolor. Muchas veces se oía a sí misma diciendo: "¡Nunca trataré a mi esposo y a mis hijos así!".

La familia estaba en desorden debido a la ausencia de buenos padres. Su padre murió cuando ella era pequeñita; su madre era incapaz de ocuparse de ella debido a una mala salud. Al ser la más pequeña de doce hermanos, ella observó a la mitad de sus hermanos y hermanas morir a causa de enfermedades de la niñez.

Cuando tenía veintiún años se casó, y en dos años tenía dos hijos. Desgraciadamente, su esposo no la apoyaba. De hecho, la descuidaba. En varias ocasiones, él se montaba en su motocicleta y desaparecía durante semanas. Finalmente, justamente después de ser desplegado al extranjero, él llamó para decirle que había presentado el divorcio. Ella tenía veinticinco años.

Tres años después se casó con Roberto, que era siete años más joven que ella. Su nuevo esposo era lo contrario a su predecesor. Era diligente y muy responsable, pero desgraciadamente, tenía un horario de trabajo demandante. Viajaba durante semanas instalando sistemas de radar en aeropuertos por todo el país. Además, pasaba una media de setenta horas por semana en la oficina. Sus continuas ausencias crearon un gran vacío en la familia, y con cada año que pasaba, Margarita y Roberto se iban alejando.

Cuando sus hijos mayores se independizaron y su hija menor, Roberta, entró en la secundaria, una vez más Margarita se sintió sola y abandonada. A pesar de sus buenas intenciones, le resultaba difícil liberarse de los patrones abusivos que había experimentado de niña. Ella también se volvió controladora y, a veces, físicamente agresiva.

El conflicto entre Roberta y su madre aumentó. Muchas veces, Roberta llegaba a casa de la escuela y encontraba a su madre molesta. Margarita la acusaba de hacer cosas que ella no había hecho. En un arrebato de furia, Margarita agarraba el objeto más cercano que tuviera y se lo lanzaba a Roberta. Roberta se alejó de su familia, buscando maneras de escapar. Con el paso del tiempo, ella aprendió a protegerse de quienes la herían levantando un muro emocional para evitar el dolor. Muchas veces se oía a sí misma diciendo: "¡Nunca trataré a mi esposo y a mis hijos así!".

Después de cumplir los veinte años, Roberta consiguió un empleo como anfitriona en un restaurante en el valle San Fernando. Fue allí donde conoció a Bob, que era camarero. A él le encantaba contar chistes y hacer reír a sus clientes. Roberta y Bob se casaron y más adelante tuvieron un niño. Ese bebé era yo.

Tres años después de casarse, sin embargo, su relación se deterioró, y decidieron divorciarse. Mi padre se fue a vivir con mi abuela, y mi mamá y yo nos quedamos en la parte occidental del valle San Fernando. Mi papá era un buen padre y trataba de verme cada día después de la escuela antes de irse a trabajar al bar. Él me quería y me expresaba su amor.

Hasta que yo cumplí los doce años, mi mamá pasaba muchas horas llevándome a entrenamientos de baloncesto y partidos de hockey. Ella me daba libertades y fomentaba mi desarrollo en muchas áreas. En general, ella era una mamá estupenda que hizo un notable trabajo al criarme siendo madre soltera.

Poco después de cumplir los doce años, nos trasladamos a cien millas de distancia a una pequeña comunidad en la montaña llamada Big Bear Lake. El traslado fue un momento decisivo en mi relación con mi padre y con mi madre. Debido a la distancia entre el valle San Fernando y nuestra nueva casa, veía a mi papá solamente unas horas cada dos domingos. Esa fue una pérdida que yo nunca anticipé. Durante los seis primeros meses, cada vez que mi padre se subía a su auto para regresar a casa después de visitarme, yo, un regordete de doce años de edad, me quedaba sentado en la acera con lágrimas en mis ojos, haciendo una pregunta: "¿Por qué no puedo ver a mi papá con más frecuencia?".

Mi madre tenía sus propios problemas. No podía encontrar un empleo; batallaba para hacer nuevas amistades; se sentía abrumada de soledad. Por tanto, para silenciar las inolvidables voces de la ansiedad, el dolor y la frustración, ella acudió al compañero que millones de personas en todo el mundo buscan en su momento de necesidad. Ella bebía cada noche.

Ocho meses después de nuestra llegada a la nueva ciudad, el antiguo novio de mamá apareció inesperadamente en la casa en un deportivo totalmente nuevo. Yo pensé: *¡Qué entrada!* No podía recordar la última vez que ella parecía tan emocionada por ver a alguien. ¡Voilà! Así, comenzaron a salir de nuevo. Dos años después, se fugaron a Reno, donde ella dio el sí al hombre cinco veces divorciado que era treinta y dos años mayor que ella.

Sus años de noviazgo habían sido salvajes, pero su matrimonio fue explosivo, muy parecido a tratar de extinguir un incendio con gasolina. En las mañanas, él se quejaba de que ella bebiese pero, sin embargo, era el primero en servirle un cóctel en la tarde. La locura se intensificó porque ellos pasaban tiempo juntos solamente los fines de semana. Él vivía y trabajaba en Burbank, donde su negocio estaba sujeto a la temperamental industria del cine, las redes de televisión y las productoras.

Ver a sus cinco ex-esposas en las reuniones familiares hacía las cosas interesantes, y complicadas. Pero a pesar de su pasado, él era un buen hombre y tendió la mano a mi mamá lo mejor que pudo. Su matrimonio de algún modo sobrevivió a muchos bajones de montaña rusa, con algunos descarrilamientos. Cuando yo tenía quince años, sentado en la acera observaba a mamá adentrarse aún más en el alcoholismo y la depresión. Fue un terrible capítulo en mi vida, porque nunca sentí que yo pudiera ofrecerle una ayuda.

A pesar de sus buenas intenciones, a mamá le resultaba difícil ser libre de los patrones abusivos que experimentó de niña. Como en las generaciones que nos predecían, la locura se repetía. Nuestro hogar estaba lleno de conflicto y de abuso emocional. En todo ello, yo nunca me pregunté por qué las cosas eran como eran; nunca se me ocurrió que ella estuviera atrapada en un patrón que fue transmitido de generación en generación. Aunque muchas personas en nuestra familia hicieron la promesa de romper el ciclo, finalmente descubrieron al ser padres que también ellos habían caído en los patrones de la disfunción.

Con el paso del tiempo, yo aprendí a protegerme de quienes me herían levantando un muro emocional para evitar el dolor. Recuerdo distintivamente una noche que estaba en mi cuarto después de una acalorada discusión con mi mamá. Cuando ella se fue enfurecida, me dije a mí mismo: "Cuando crezca, voy a ser distinto a mis padres. ¡Yo nunca trataré a mi esposa y a mis hijos así!".

En medio de la confusión y el dolor, un día nuestros vecinos que vivían al otro lado de la calle me invitaron a ir a la iglesia. Acordé que iría el domingo en la noche, una noche muy fría en la que nevaba ligeramente.

Mi familia inmediata no era religiosa en ningún sentido de la palabra. En alguna ocasión mi abuela me llevó a su iglesia, pero la mayor parte del tiempo el servicio era en árabe. En general, yo pasaba los domingos haciendo cualquier cosa que apareciese en mi camino. Mi papá, que está en el Salón de la Fama de los Camareros, decía bromeando: "Si alguna vez entro en una iglesia, el edificio probablemente se desmorone". Así que admito que me sentía un poco incómodo con asistir a un evento religioso.

Pero estuve de acuerdo en ir con ellos. Cuando

entramos en el aparcamiento, mi aprensión se manifestó en palmas de las manos sudorosas y unas pocas mariposas en mi estómago. Mis vecinos llevaban una Biblia a todas partes, lo cual a mí me parecía que era un poco extraño. La que ellos tenían era inmensa, lo bastante grande como para ser considerada un arma. Debía de pesar ocho kilos. Cada página estaba singularmente decorada con diferentes marcas destacadas en colores y notas personales.

Para hacer las cosas aún más interesantes, mis vecinos eran creyentes de los que se sientan en primera fila. Rara vez se sentaban en otro lugar que no fuese la primera fila. Yo me habría sentido más cómodo sentado en el aparcamiento y luchando por mantenerme vivo en medio del frío helado. Cuando entré por el pasillo central, pensé: *Todos saben que yo soy nuevo. Probablemente me estarán mirando toda la noche.*

En cuanto nos sentamos, un fallo en la corriente eléctrica afectó a todo el bloque en el que estaba la iglesia. Nos quedamos allí sentados en total oscuridad. En cuestión de segundos, las palabras de mi padre me vinieron a la mente. Pensé seriamente: *Mi papá debía haber sido profeta. ¡Mi depravación ha quemado un transformador eléctrico!*

De repente, el hijo mayor de la familia se inclinó y

dijo con sarcasmo: "Mira, esto nunca ha sucedido en todo los años que he asistido a esta iglesia hasta que tú entraste por la puerta". Yo sabía que él estaba bromeando, pero mi autoestima estaba todo lo baja que podía estar.

El pastor les pidió a los ujieres que encendiesen velas. Yo no tenía idea de que aquellas velas llegarían a representar la iluminación de Dios en mi vida.

Hubo suficiente luz de velas para que los 150 que allí estábamos nos sintiéramos cómodos cuando el servicio finalmente comenzó. El pastor pasó al atril y habló sobre un Dios que ama y que no quiere condenar. El mensaje se centró en un Cristo que murió por los pecados del mundo y cómo Dios tenía el poder para transformar a cualquier individuo y dar vida eterna. Él habló sobre un Dios que da significado e importancia; y después hizo una pregunta que iba a cambiar mi vida: "¿Quieres experimentar nueva vida?".

Yo nunca había oído un mensaje como ese. Aquellas palabras, como una lluvia fresca que cae sobre el desierto, llevaron refresco a mi alma. Yo sabía que no era perfecto. Nadie tenía que decirme que yo no era parte de una iglesia o que las cosas en mi vida no eran buenas. Mientras estaba sentado en la iglesia en medio de mi conflictiva vida adolescente, el amor de

Dios entró, y fue entonces cuando de repente tuve un despertar.

Pensé: *¡Un momento! Dios tiene el poder para cambiar a cualquiera. Y ese cualquiera puedo ser yo.* Además pensé: *Dios da vida eterna, y Él escoge darme a mí esa vida eterna. Si Él puede liberar a los cautivos, puede liberarme a mí también. Él puede romper los patrones de destrucción transmitidos de generación en generación. Y Él puede comenzar conmigo.*

En 1981 en aquella fría noche de invierno, Dios comenzó a cambiar mi vida. Él cambió mi corazón y, al hacerlo, cambió mis percepciones. Al cambiar mis percepciones, Él cambió quién era yo. Aquella noche, Dios rompió el ciclo de disfunción que plagó a mi familia durante generaciones. Yo tuve un genuino cambio de corazón. En cuestión de semanas, comencé a leer mi Biblia y regularmente asistía a la iglesia con mis vecinos. Aunque seguía batallando en ciertas áreas, ir de fiesta con mis amigos de la escuela se volvió menos atractivo.

Al principio mis padres pensaron que yo estaba pasando por un capricho pasajero. Las cosas en casa no mejoraron como resultado de que yo encontrase a Cristo; empeoraron. Yo tenía muchas disputas con mi mamá por mi compromiso con el Señor. Después de unos cuantos tragos, ella me decía que esa dedicación a la religión era inútil. O me decía: "Puedes fingir que las cosas son diferentes, pero yo sé quién eres verdaderamente". Parecía como si cuanto más iba yo a la iglesia, leía mi Biblia y oraba, mayor era el conflicto que teníamos. Aunque era desalentador, en lo profundo de mi ser yo sabía que era debido al alcohol. Creía que un día la luz de Dios brillaría en la vida de ella.

Cada día le pedía a Dios que interviniese y rescatase a mamá del alcoholismo y la disfunción que la mantenían atada. Yo quería que ella experimentase el mismo poder transformador que me había cambiado a mí. Finalmente descubrí que ciertamente Dios responde la oración. La introducción de este libro relata la poderosa historia de cómo la vida de ella fue cambiada y cómo ella ahora vive una vida piadosa y fructífera totalmente dedicada al Señor. Amigo, ninguna oración se queda sin oír. ¡A lo largo de los años he descubierto que Dios siempre tiene la última palabra!

Mi historia no es poco común. Millones de personas alrededor del mundo tienen una historia parecida. ¿Y tú? ¿Prometiste hacer las cosas de modo diferente como adulto, o nunca tratar a tu familia del modo en que te trataron a ti? ¿Batallas por ser libre de las cosas que te retienen? ¿Hay cosas en tu vida que necesiten cambiar? Si es así, tengo buenas noticias para ti. El cambio es posible. El verdadero poder puede ser tuyo. Dios da ese poder a quienes se lo piden. ¿Cómo se produce el cambio? Muy parecido a la historia que acabas de leer, un paso importante en tu poderosa transformación es un cambio de percepción.

Un cambio de percepción ocurre cuando las escamas que nos han cegado caen de nuestros ojos y de repente vemos con claridad. Es ese momento en que la luz se enciende en nuestra cabeza y decimos: "¡Claro!". Lo más importante es cuando reconocemos por primera vez la necesidad de que Dios intervenga en nuestra vida. Si eso nunca sucede, continuamos viviendo una fantasía, apenas sobreviviendo a relaciones disfuncionales, o creyendo que la vida es tan buena como va a serlo alguna vez.

Nadie nace con una percepción perfecta. Todos batallamos por mantener una mentalidad sana. Para empeorar las cosas, Satanás se propone complicar la batalla aun más. La Biblia dice: "El dios de este mundo ha cegado la mente de estos incrédulos, para que no vean la luz del glorioso evangelio de Cristo, el cual es la imagen de Dios" (2 Corintios 4:4). La tarea de Satanás es retorcer la percepción para que las personas no puedan ver la verdad; él ciega a las personas para que no sean conscientes de que sus vidas son un desastre.

Como contraste, Dios obra para reparar una

percepción, y Él inicia el proceso con un momento de *despertar*. Su tarea es dar vista a los ciegos y permitirles ver la verdad. Encontramos maravillosos ejemplos de esto a lo largo del ministerio de Jesús. De todos sus milagros registrados en el Nuevo Testamento, Él sanó a ciegos más que a ningunas otras personas afligidas. Esto tiene implicaciones espirituales y psicológicas además de físicas. Dios nos da la capacidad de ver el error de nuestros caminos a fin de que podamos comenzar el proceso de cambio en nuestros corazones.

Cuando las personas dicen que han tenido un cambio de corazón, realmente quieren decir que han tenido un cambio en el modo en que ven las cosas, un cambio de percepción. Piensan de manera diferente a como pensaban antes; el modo en que veían las cosas e interpretaban la vida ha cambiado.

PERCEPCIÓN VERSUS PERSPECTIVA

No debería confundirse percepción con perspectiva. Hay una importante distinción entre ambas. Yo defino *perspectiva* como un punto desde el cual vemos algo, de modo figurado o literal. Es el ángulo desde el cual vemos una casa, un edificio, el cielo, o algún objeto físico. O podría ser el modo en que vemos algo más abstracto como una personalidad, un problema, o una situación. También defino perspectiva como nuestra posición en la vida. *Percepción*, por otro lado, es mucho más subjetivo e interior. Es el modo en que interpretamos los datos que entran en nuestra mente desde cualquier *perspectiva* dada.

Imagina que tienes el mejor sitio en el estadio para ver la Super Bowl; una estupenda perspectiva del partido. Estás situado a unas veinte filas de distancia desde el campo, de modo que tienes una buena perspectiva del campo con relación a altura y profundidad. Estás sentado en la sombra, y por eso el sol no ciega. Tu asiento está perfectamente centrado entre ambas zonas del fin. Entonces, cuando comienza el partido, te pones una venda. No puedes ver nada. Oyes el rugir de la multitud cuando un equipo se acerca a la línea de gol del otro. ¿Cuál será tu percepción del partido? Oscura, confusa, ¡y a veces ruidosa! Aunque estabas en una posición maravillosa y potencialmente podías ver el partido desde una perspectiva genial, tu percepción del partido quedó gravemente sesgada.

Del mismo modo, nuestra percepción o mejora o sabotea nuestra capacidad de dejar atrás las cosas que nos retienen. Educación, salud, y un buen hogar pueden posicionarnos para una vida maravillosa, pero a menos que nuestra percepción sea sana, el modo en que interpretamos la vida será torcido. Por esa razón, hay quienes son acomodados, educados e inteligentes pero les resulta difícil funcionar en cualquier grado normal. ¿Cuántas veces hemos puesto las noticias en la televisión para oír que otra famosa celebridad ha sido arrestada acusada de manejar bajo los efectos del alcohol o de violencia doméstica? ¿Cuántas veces hemos visto la joven vida de una súper estrella de la música o un cómico extinguida debido a una sobredosis de drogas? Aunque esas personas supuestamente lo tenían todo, su percepción las condujo a la destrucción.

Por otro lado, muchas personas tienen una percepción sana. Provienen de condiciones socioeconómicas humildes y vencen desventajas imposibles para llegar a ser individuos, padres y cónyuges muy eficaces. La diferencia no estaba dónde estaban situados en la vida (su perspectiva), sino cómo veían e interpretaban la vida (su percepción).

A menos que tu percepción sea sana, te conducirá por un camino de destrucción. A pesar de la cantidad de dinero, fama o relaciones que puedas tener, sin una buena mentalidad —una que haya sido liberada de la ceguera del enemigo—, siempre serás un esclavo de los patrones de destrucción. Si nunca has podido dejar atrás las cosas que te retienen, necesitas un cambio de percepción. Necesitas un cambio de corazón. La pregunta es: ¿puedes cambiar?

Yo creo que sin importar lo loca que pueda parecer tu vida, el cambio es posible. Ninguna adicción, disfunción, patrón destructivo o locura tiene que ser permanente. Tu futuro no está grabado en piedra. Fuiste creado de manera hermosa y maravillosa a imagen de Dios, y Él quiere darte una vida llena de libertad, paz y significado. Creo que Él te ama y conoce el gran potencial de tu vida. No tienes mejor aliado, y ese Aliado anhela traer un cambio a tu vida.

DE HARAPOS A RIQUEZAS
A HARAPOS A RIQUEZAS

Los tres primeros capítulos de Éxodo nos dan un ejemplo de alguien que pasó por un cambio radical de percepción. El rey de Egipto se sintió intimidado por la creciente fortaleza e influencia de los israelitas. A fin de subyugar su poderosa expansión, ordenó a sus supervisores de esclavos que oprimieran a los israelitas. Los supervisores los forzaron a construir gran parte de la infraestructura de la nación. Con el paso de los años, los egipcios los hicieron trabajar sin piedad.

Entonces Faraón reunió a las parteras y les dijo que

matasen a todos los niños hebreos siempre que asistieran en un parto. Cuando las parteras se negaron, Faraón se enojó y emitió el decreto más grave en la historia de su nación: *lanzar a todo primogénito israelita al río Nilo.*

Cuando cierta mujer de la tribu israelita de Leví dio a luz a un hijo, temió por su vida. Se las arregló por mantenerlo oculto durante tres meses. Cuando ya no pudo mantener su vida en secreto, lo puso en una cesta y lo llevó a la ribera del Nilo, poniendo su cuna flotante entre los juncos.

Ese día, la hija de Faraón se estaba bañando en el río y vio algo peculiar en la ribera. Tras enviar a su esclava a agarrar la cesta, miró en el interior y descubrió a un bebé de tres meses que lloraba a todo pulmón. Sintiendo lástima de él, decidió adoptarlo. Le puso por nombre Moisés.

Aunque él nació en un hogar pobre, pasó sus años de adolescencia en el palacio. Pasó de harapos a riquezas. Un día, Moisés vio a un egipcio castigando a un israelita y se llenó de enojo; golpeó al egipcio y lo mató. Cuando el rey oyó lo que Moisés había hecho, trató de que lo matasen. Moisés huyó al desierto y una vez más se encontró viviendo en la pobreza. No tenía familia; no tenía amigos; no tenía contactos. Lo perdió todo y tuvo que comenzar de nuevo.

Mientras Moisés estaba en el exilio, Ramesés se convirtió en el nuevo Faraón. Él heredó incalculables riquezas, cientos de miles de soldados, y más de un millón de obreros esclavos para construir ciudades y monumentos. Ramesés tenía todo lo que un líder puede querer. Tenía una de las mejores perspectivas a disposición de los seres humanos. Al ascender a la posición más poderosa del planeta, oprimió a los israelitas más que cualquier rey anterior.

Moisés, por otro lado, estaba en un lugar diferente en la vida. Había pasado de harapos a riquezas y otra vez a harapos. Estoy seguro de que pensaba en las cosas que había perdido: vivir en el palacio, la enorme riqueza, el prestigio de ser el nieto adoptado de un faraón. Probablemente pensó más de una vez en su decisión de matar y huir.

No estoy seguro si se sintió deprimido o solo; pero sí estoy seguro de una cosa: Moisés necesitaba la ayuda de Dios para reconstruir su vida. Necesitaba un cambio total de paradigma. Él no tenía idea de que Dios iba a dar a su percepción un repaso general.

Unos años después, Moisés estaba cuidando un rebaño que pertenecía a su suegro, Jetro. Condujo a las ovejas cerca de un monte llamado Horeb. Desde la distancia, vio una zarza que estaba encendida pero no se quemaba. Comenzó a subir al monte, intentando de mirar más de cerca. De repente, oyó una voz que provenía de la zarza: "No te acerques más —le dijo Dios—. Quítate las sandalias, porque estás pisando tierra santa" (Éxodo 3:5).

Moisés se quedó paralizado.

Entendiendo que Moisés quedó desconcertado por el extraño fenómeno, el Señor dijo: "Yo soy el Dios de tu padre. Soy el Dios de Abraham, de Isaac y de Jacob" (v. 6), queriendo decir que Él era el mismo Dios adorado por los ancestros de Moisés. En eso, Moisés ocultó su rostro porque no quería mirar a Dios.

El Señor continuó: "Ciertamente he visto la opresión que sufre mi pueblo en Egipto. Los he escuchado quejarse de sus capataces, y conozco bien sus penurias. Así que he descendido para librarlos del poder de los egipcios y sacarlos de ese país, para llevarlos a una tierra buena y espaciosa, tierra donde abundan la leche y la miel" (vv. 7-8). Entonces el Señor dijo algo que Moisés nunca anticipó: "Voy a enviarte al faraón para que saques de Egipto a los israelitas, que son mi pueblo" (v. 10).

Moisés pensó: *¡Un momento! Apenas puedo conducirme a mí mismo, y mucho menos a una nación.* Lo que Dios sugería no era sólo un simple cambio de carrera. Requería una total transformación de percepción.

Reuniendo valentía, Moisés respondió tímidamente a la directiva de Dios: "¿Y quién soy yo para presentarme ante el faraón y sacar de Egipto a los israelitas?" (v. 11).

La respuesta de Dios fue sucinta y a la vez poderosa: "Yo estaré contigo" (v. 12).

Para completar la misión, Moisés no necesitaba contactos políticos; no necesitaba un ejército; no necesitaba dinero. Necesitaba una sola cosa: la presencia de Dios. Cualquiera que fuese el desafío, la presencia de Dios haría que fuese manejable. De hecho, el mayor obstáculo de Dios no era Faraón; no era liberar a los esclavos. Era cambiar la percepción de Moisés y convencerle de que él era la persona adecuada para la tarea.

Moisés tenía otra pregunta. Cuando el pueblo preguntase a Moisés quién le enviaba, ¿qué iba a decirles? La respuesta de Dios fue autoritativa. Fue una descripción del creador del universo que no está atado por el tiempo ni el espacio. Diles: "Yo soy me ha enviado a ustedes (v. 14). Las palabras fueron atronadoras y el encuentro fue suficiente para cambiar la mentalidad que mantuvo a Moisés atado por años. En ese momento en un monte, el Todopoderoso había hablado. Sus palabras fueron claras, y Moisés entendió que Dios estaba con él. Comprendió que Dios era mayor que sus circunstancias. Tuvo un encuentro radical que produjo una transformación radical en su percepción. Tuvo un cambio de corazón. Como resultado, bajó del monte siendo un hombre transformado.

Moisés regresó a Egipto y sacó a su nación de las opresivas manos de los egipcios. Lo hizo con la venganza de diez plagas sin precedente que dejaron su marca en los libros de Historia. Derrotó a Ramesés cuando Dios demostró su poder omnipotente.

Moisés nació en un hogar humilde. La perspectiva desde la cual comenzó su vida era de pobreza y esclavitud. Aproximadamente a los cuarenta años de edad, perdió todo lo que había obtenido y huyó para salvar su vida al desierto. Pero con Dios, venció pronósticos insuperables y se convirtió en uno de los mayores líderes en la Historia. Había pasado de harapos a riquezas a harapos a riquezas.

Faraón, por otro lado, se menciona solamente en las páginas de la historia egipcia y en el contexto de su propia dinastía. Ramesés nació en el palacio. Tenía riqueza, contactos y poder; tenía gloria y hasta un estatus de ser semejante a un dios. Su posición era estupenda; su perspectiva era estupenda. Pero, comparado con Moisés, tuvo un pequeño impacto en el mundo.

¿Cuál fue la diferencia entre Moisés y Ramesés? Moisés tuvo un encuentro con el Dios vivo. El encuentro fue tan dinámico que le transformó de los pies a la cabeza. Él subió a un monte siendo un pastor nómada y descendió con un mandato santo de convertirse en el líder de una nación. Mediante aquel encuentro, Dios tomó a un hombre pobre, alguien que había obtenido mucho y lo había perdido todo, y lo transformó en una de las personas más influyentes que el mundo haya conocido jamás. Moisés entendió que necesitaba cambiar, y se rindió a Aquel que tenía la capacidad de cambiarle.

¿Y QUÉ DE TI?

Si deseas vivir la vida y no simplemente sobrevivir, reconoce tu necesidad de cambio. La mitad de la batalla es ver quién eres, incluyendo todos tus problemas. ¿Por qué es esto tan importante? El cambio es imposible para quienes no creen que necesitan ayuda.

Quitar la venda te permite ver tu vida como verdaderamente es. Una vez que estás dispuesto a reconocer que ciertas cosas no son correctas, entonces puedes rendirlas a Aquel que tiene la capacidad de cambiarte. Por tanto, echa una buena mirada en el espejo y pregúntate: "¿Estoy dejando atrás las cosas que me retienen? ¿O estoy atascado en un patrón destructivo?".

Quizá sientas como si estuvieras revolcándote por la vida. Quizá hayas perdido mucho, y estés decepcionado con la persona que ves en el espejo. Podrías preguntarte si cualquier cosa que hagas realmente importa. Puede que hayas dicho: "Cuando crezca, ¡voy a hacer las cosas de modo *diferente*! ¡Voy a ser *diferente*!". Pero has descubierto que estás repitiendo los mismos patrones disfuncionales de que fuiste testigo cuando crecías. Si ves la necesidad de cambio, ¡felicidades! Estás en un lugar maravilloso para comenzar el proceso de transformación. Permíteme decirte por qué.

El cambio comienza cuando abrimos nuestro corazón y pedimos ayuda. Una vez que llegamos al punto en que decimos, "Dios, necesito tu ayuda para cambiar", Él puede comenzar el proceso de reconstruir nuestra vida. Dios quiere ayudarte a vencer patrones destructivos; Él quiere ayudarte a que dejes atrás las cosas que te retienen. Pero su obra comienza solamente cuando tú le das permiso. Admitir que no tienes todo solucionado es un importante paso en la dirección correcta. Si has llegado al lugar donde estás preparado para decir: "Dios, necesito tu ayuda para cambiar", Él te dará el poder para reinventarte.

TRANSFORMACIÓN TOTAL

Las personas de quienes hemos hablado en los primeros capítulos ilustran que un cambio radical de corazón comienza con un encuentro con Dios. Llega cuando entendemos que Dios tiene un plan mejor que el nuestro. Llega cuando decidimos cambiar nuestra perspectiva y nos rendimos a Aquel que tiene la capacidad de cambiarnos.

Es importante notar que sólo porque hayamos descubierto la necesidad de cambio no significa que seamos cambiados. Muchas personas saben lo que tienen que hacer pero no hacen nada. Para que llegue el cambio, Dios debe tener pleno acceso a nuestro corazón y nuestra mente.

Una muchacha llamada Annie llegó corriendo hasta el lugar de nuestra cruzada llena de pánico. Mirando por encima de su hombro como alguien que huye de un depredador, se abrió camino entre la multitud de cinco mil personas hasta la base del escenario. Las lágrimas en su cara no eran lágrimas de alegría.

Una de las ujieres la interceptó antes de que se lanzase por las escaleras. Reteniéndola, ella se inclinó y preguntó: "¿Cuál parece ser el asunto?". La muchacha se giró hacia la obrera de cuarenta años y susurró varias frases en su oído. La ujier movió lentamente su mano y cubrió su propia boca. Cuando levantó su cabeza para establecer contacto visual conmigo, la mirada en sus ojos mostraba noticias horrorosas.

Antes de relatarte más de la historia de Annie, necesitas conocer a Stanley. Varios años antes de esa noche, habíamos realizado una cruzada en aquella misma zona. El clima era hermoso, y la asistencia fue todo un récord para nosotros. Miles de personas habían viajado muchos kilómetros para asistir al evento de tres días. Cada noche, el ímpetu se intensificaba hasta que finalmente reunimos a la mayor multitud que la ciudad había visto nunca.

Un joven entró al evento desde la entrada más alejada. Cuando llegó al perímetro exterior de la multitud, se quedó unos momentos y escuchó el final del mensaje. Su nombre era Stanley. El hombre de veinte años, de seis pies y dos pulgadas de altura, era de complexión oscura y musculosa. Su camisa medio abotonada revelaba una llamativa cadena de oro que reposaba sobre su pecho sin pelo. Su intimidante estatura, sin embargo, era igualada por su amedrentadora reputación.

Stanley estaba metido en una pandilla en la ciudad. Todo, desde robos de autos hasta tráfico de drogas, pasaba por su supervisión. Aparentemente, dos de los miembros de la pandilla habían decidido dejar la pandilla como resultado de haber asistido a la cruzada la noche anterior. Por tanto, él llegó para amenazarnos y detener que otros pandilleros también se fueran.

Yo concluí el mensaje de veinticinco minutos con una sencilla pregunta: "¿Quieres experimentar verdadera libertad?". Entonces le di a la multitud la oportunidad de pasar al frente para recibir oración. Varios cientos de personas se acercaron para encontrar la libertad que solamente Dios puede dar de los patrones destructivos en sus vidas.

Hubo algo en la pregunta que conmovió al delincuente profundamente. Por varios minutos, Stanley se quedó en la parte trasera del gran campo mirando fijamente al escenario y contemplando su vida. Inicialmente, la pregunta le irritó. Pensó: *¡Yo soy libre! ¡Yo hago lo que quiero, siempre que quiero!* Quizá lo que verdaderamente le molestase fue la pregunta subyacente: "¿Eres *verdaderamente* libre?".

Por años, Stanley había intentado amasar riqueza y encontrar verdadero poder. Él hacía dinero y era uno de los líderes más poderosos en la ciudad; pero lo que él buscó durante toda su vida le había evadido.

Comenzó a preguntarse: *¿Soy verdaderamente libre? ¿Cuántas vidas han sido destruidas en mi búsqueda de libertad?* En cuestión de segundos, la venda cayó de sus ojos, y pudo ver su vida como verdaderamente era.

Casi a cámara lenta, Stanley levantó su mano y comenzó a caminar hacia el frente hasta la base del escenario. Algo milagroso estaba teniendo lugar en su corazón. Su percepción estaba siendo transformada. Cuando llegó a la plataforma, una sola lágrima caía por su mejilla izquierda. Levantó sus ojos al cielo y dijo: "Dios, necesito tu ayuda para cambiar". Aquella noche, él pidió al Señor que le perdonase y entregó su vida a una verdadera relación con Dios.

El cambio comenzó de inmediato. La transformación de Stanley fue radical. Dejó la pandilla y comenzó a reclutar miembros para trabajar con él en una iglesia local a la que comenzó a asistir. Las actividades pandilleras en aquella ciudad descendieron hasta un límite nunca conocido, y él finalmente llegó a ser un obrero en su iglesia local.

Cuando estaba yo en el borde de la plataforma dos años después, la ujier me indicó que hablase con la muchacha. Yo bajé los escalones situados en el centro del escenario y me uní a ellas. Annie estaba sollozando. Su brazo izquierdo rodeaba su estómago; su mano derecha cubría su nariz y su boca. Yo puse amablemente mi mano sobre su hombro y dije: "¿Qué sucede, querida?".

Todos los años de ministerio nunca me prepararon para lo que estaba a punto de oír.

Ella se las arregló para mantener la respiración y dijo: "El novio de mi madre me ha violado por años. Me dijo que si alguna vez se lo decía a mi madre, me mataría".

Yo hice todo lo posible para no parecer sorprendido.

Annie continuó: "Esta mañana me desperté, y ya no pude soportarlo más, así que le conté todo a mi mamá. Entonces ella lo echó de la casa. Cuando salí esta tarde, él me estaba esperando en la esquina de la calle. Yo corrí todo lo rápido que pude, y él me persiguió hasta este campo de fútbol. Es el que está allí".

Cuando levanté mi vista, vi a un hombre adulto apoyado sobre el arco de la única salida.

Una plétora de emociones comenzaron a correr

por mi ser. Por la primera vez que podía recordar, me quedé sin palabras.

Sabía que a pesar de lo que yo hiciera, el malvado siempre estaría acechando. Yo no tenía poder en mis manos; la primera solución que me vino a la cabeza no habría sido prudente, especialmente para un ministro.

Sí, yo podía acudir a las autoridades, pero sentía que la muchacha corría un peligro inmediato. Ella necesitaba una solución inmediata, pero yo batallaba por encontrar una. Entonces recordé el punto de partida correcto para cualquier dilema. Oré.

Después de unos diez segundos, levanté la vista. El hombre seguía esperando en la salida, pero otra persona se acercaba hacia nosotros. Su estatura era inconfundible. Él era alto, musculoso y lleno de energía. Resultó ser uno de los coordinadores que estaba a cargo de situar a las personas en grupos pequeños después de la cruzada. Era Stanley.

Él preguntó: "¿Por qué esa cara tan larga?". Yo le expliqué todo lo que la muchacha nos había dicho. Él se giró lentamente, respiró profundamente, y exhaló. Preguntó: "¿Dónde está el tipo?".

Yo no estaba seguro de si su pregunta era modesta o si había otro motivo. Yo señalé hacia la salida donde estaba el hombre. Stanley miró al hombre momentáneamente, y después se giró hacia mí y dijo con confianza. "Yo me ocuparé". En ese momento, yo no sabía qué pensar de su comentario. Nunca sentí que Stanley actuaría violentamente hacia el hombre, y yo no estaba en posición de acompañarlo hasta la salida. Seguíamos estando en mitad del servicio, así que observé desde la plataforma.

Stanley calmadamente se dirigió hacia la salida. Cuando el hombre lo vio acercarse, bajó la cabeza como un perro desobediente que ha sido confrontado por su dueño. Debido a la distancia que nos separaba, era difícil saber qué se dijo. Stanley habló brevemente y señaló una sola vez al pecho del hombre. Entonces Stanley se dirigió hacia la salida. El hombre se giró y se fue.

No tengo idea de lo que dijo Stanley. No podría decirte si le dijo al hombre que se fuera y no regresara nunca, o si le habló del amor de Dios. Dos cosas son seguras. Años después de ese incidente, Stanley me dijo que nunca oyó que el hombre regresara a ese barrio para volver a confrontar a la muchacha. Y hasta este día, Stanley sigue sirviendo en el ministerio. El punto es sencillamente este: Dios tomó a alguien que llevó una vida de delincuencia y violencia y lo transformó en alguien que pudo dar ayuda al desesperado.

De modo muy parecido a Moisés, Stanley tuvo un encuentro dinámico con el Dios vivo en un momento en que él menos lo esperaba. Solamente Dios pudo causar ese impresionante cambio en su percepción y en su corazón. Cuando su transformación se estaba produciendo, él pudo ayudar a otros en su comunidad.

Este segundo paso para dejar atrás las cosas que te retienen —cambiar tus percepciones— implica ver quién eres, incluyendo todos tus problemas, y colaborar con Dios para iniciar el cambio. Esto significa que las vendas que hay en tus ojos deben caer para que puedas ver tu vida como de verdad es. Es más que sólo un momento de despertar. Significa que acudes a Dios en busca de ayuda y desarrollas una relación personal con Él.

Al buscar cambiar tu percepción, tu relación con Dios es crucial, porque Él te refleja el verdadero estado de tu carácter, disposición y actitud. Una importante herramienta que puedes utilizar para desarrollar una nueva percepción es la Biblia. Ella actúa como el espejo de Dios para tu vida, y cuando la aceptas, comienzas a ver con claridad. Otra importante ayuda que Dios ofrece son quienes tienen un genuino deseo de ayudarte a descubrir la verdad. Si te acercas a quienes son piadosos y sabios, ellos te darán una imagen clara de quién eres verdaderamente. Hablaré más sobre el papel que desempeñan las personas piadosas en nuestras vidas en el capítulo 6.

Quizá provengas de una familia donde la disfunción haya dejado su marca en varias generaciones. Puede que hayas dicho en más de una ocasión: "¡Cuando crezca, voy a ser diferente a mis padres!". O podrías haber sido criado en la iglesia, pero batallas por dejar atrás las cosas que te retienen. Sea tu historia como la de Stanley, la mía, o la de alguna otra persona, Dios quiere que experimentes una poderosa transformación. Según Él, tú eres la niña de sus ojos (Zacarías 2:8). Él está contigo y nunca te abandonará.

Si nunca has obtenido victoria sobre los problemas que parecen mantenerte en un ciclo interminable de frustración, Dios quiere darte una nueva percepción que producirá la victoria que buscas. Él te ofrece una mano ayudadora en esta encrucijada en este momento. ¿Cómo comienza un cambio tan maravilloso? Comienza con una relación personal con Él.

Al concluir este capítulo, permite que te haga una última pregunta. ¿Quieres experimentar verdadera libertad? Si es así, hay algo importante que podemos hacer juntos. Debemos hacer borrón y cuenta nueva y comenzar esa verdadera relación con Dios. La verdadera libertad sólo puede llegar como resultado de una conexión real con

Dios. Esta es la esencia de un cambio de percepción y de corazón.

En este momento, te aliento a que busques un lugar donde puedas estar a solas con Dios. Después toma unos momentos para hablar con Él. Si necesitas una guía, he incluido una sencilla oración que te ayudará a comenzar:

Señor, no estoy seguro de cómo llegué aquí o exactamente hacia dónde voy, pero una cosa es segura: necesito tu ayuda para cambiar mi percepción. Necesito que tú cambies mi corazón. Ayúdame a ver las cosas del modo en que tú las ves. Reconozco que yo solo no puedo cambiar mi vida. Lamento todo el daño que he hecho a quienes me rodean. Perdóname por todas mis ofensas. Me comprometo a una relación contigo y me embarco en una aventura de llegar a conocerte. Lo más importante, me comprometo a cualquier cosa que me pidas durante este proceso de cambio. Ayúdame a ser fuerte, obediente, y estar abierto a tu cambio para mi vida. Hazte real para mí con cada día que pase. Oro estas cosas en el nombre de Cristo. Amén.

CAPÍTULO 3

Rompe el ciclo de conducta destructiva

C UANDO JESSICA BAJÓ POR las escaleras, su madre la miró y dijo:

—¡No vas a salir de casa vestida así!

—¿Qué quieres decir? —respondió Jessica, fingiendo estar sorprendida.

—¿De verdad necesitas que lo diga otra vez? —respondió Shelly—. Tu falda es demasiado corta.

La reacción de la muchacha de dieciséis años fue un mal intento de parecer confusa.

—No entiendo.

Shelly hizo una pausa y reiteró lentamente:

—¿Qué parte de "demasiado corta" no entiendes?

—Pero mamá —comenzaba Jessica a protestar.

—No me digas "pero mamá". Vuelve a tu cuarto y ponte algo decente. De verdad no quiero decírtelo otra vez.

Levantando sus ojos, Jessica subió enojada las escaleras y pensó: *Muy bien. Vale. Estoy deseando cumplir los dieciocho para poder escaparme de este régimen totalitario.*

Cuando Jessica se hubo cambiado de ropa, ella y su mamá se subieron al auto y se dirigieron a la escuela. Shelly apagó la radio para preguntar a su hija:

—¿Terminaste toda tu tarea de la escuela?

—Sí, mamá.

—¿Qué sucede con ese tono? Escucha, tu papá y yo estamos un poco preocupados.

—¿Qué pasa ahora?

Dando un suspiro, su madre continuó.

—Hemos notado que ya no quieres pasar tiempo con tus amigas en la iglesia. De hecho, has optado por no ir a tu grupo de jóvenes por unas tres semanas ya. Y pareces gastarte el dinero como si lo tuvieras a raudales. En cuanto a nosotros, no podemos imaginar cómo tienes tanto dinero en efectivo.

—Sí, bueno, los chicos de la iglesia son aburridos —respondió Jessica, arreglándoselas para dar un rodeo a la pregunta económica—. Los muchachos se sientan a jugar video juegos, y las muchachas se reúnen en sus estúpidos grupitos para hablar de qué chicos son guapos. Prefiero estar con mis verdaderos amigos en el centro comercial que en la iglesia.

El corazón de Shelly comenzó a desanimarse. Aquello no era lo que ella quería oír decir a su hija.

—Bueno, cariño, no vamos a la iglesia debido a las personas estupendas que haya por allí. Vamos porque queremos desarrollar nuestra relación con Dios.

—Mamá, ¿tienes idea de lo que hace la gente cuando no está en la iglesia? Y después aparecen y fingen ser más santos que nadie. Al menos mis amigos de la escuela son coherentes.

—Bien, Jessica, he oído que algunos de esos amigos tuyos van a fiestas y siguen una conducta inadecuada.

—Oh mamá, no creas todo lo que oyes. Tú siempre dices que no deberíamos ser murmuradores.

—Cariño, solamente estoy preocupada. Eso es todo.

Mientras Jessica miraba por la ventana, se sintió confiada de haber ocultado su jugueteo ocasional con la anfetamina Éxtasis.

—No te preocupes por mí, mamá, estaré bien.

En lo profundo de su ser, Shelly sabía que Jessica no estaría bien. Sus instintos maternales lo detectaban.

Trató de resistirse a mostrar el dolor que había en su corazón. Al menos las lentes de sol cubrían sus ojos, que estaban llenos de lágrimas.

Cuando entraron en el aparcamiento de la escuela, cuatro de las amigas de Jessica estaban en la acera. Jessica saludó con entusiasmo a su séquito. La puerta del auto se cerró, y Shelly continuó su camino. Se preguntaba: *¿Dónde nos equivocamos?*

Un minuto después, Jessica olvidó los comentarios de su madre y centró su atención en lo que era importante para ella: amigas, muchachos y animadoras.

Más adelante, después de graduarse de la escuela, Jessica fue a la universidad durante un año. Cuando tenía veinticinco años, estaba casada y con un segundo hijo en camino. Al llegar a los treinta y cinco, estaba divorciada, comprometida con su novio, con el que vivía, y compartía la custodia de los dos niños con su primer esposo.

Las presiones de la vida eran abrumadoras para Jessica. Su ocasional consumo de drogas en la escuela se había desarrollado y había pasado a ser un hábito regular de consumo de alcohol. Para poder manejar las cosas, cada noche se servía varios vasos de una bebida alcohólica. Se sentía sola y acudía a un compañero líquido que nunca la rechazaba. Como la mayoría de las personas que luchan con el alcoholismo, ella nunca pensó que su problema estaba fuera de control. Mientras su consumo no afectase a ninguna otra persona, ella sentía que era un asunto privado, no un asunto moral.

Una noche, Jessica se sirvió una bebida antes de dormir. Levantó el vaso para examinar la interacción entre el hielo y la ginebra. Fue entonces cuando miró su reflejo en el espejo. Un sentimiento de lo más inquietante se apoderó de ella. El parecido era asombroso. Ella se había convertido precisamente en la persona que su madre temía que llegara a ser.

LA HISTORIA DE JOANNA

Brian, frustrado cuando ni su esposa ni su hija adolescente estaban listas para salir por la puerta, le dijo a Joanna, de quince años: "¿Podemos irnos *hoy*?". Después de tres minutos, sacó su teléfono y comenzó a navegar por la web.

No habían pasado dos minutos cuando gritó a pleno pulmón: "Crystal, ¿por qué nunca puedes estar lista a tiempo?". Una respuesta incomprensible llegó desde el baño del piso de arriba. Una cosa era segura: su esposa no parecía contenta.

Brian era una persona mañanera, que se levantaba antes de las 5:30 de la mañana. Era diligente y trabajaba más de setenta horas por semana. Aparte de ser irritable y tener una personalidad perfeccionista, hacía todo lo que podía por proporcionar sustento a su hogar de tres miembros y su casa de clase media de 3.500 pies cuadrados. El hábito que destacaba, sin embargo, era su adicción al Internet. Muchas veces se encerraba en la oficina de su casa y navegaba durante horas.

Finalmente, Crystal bajó.

—¿Dónde está Joanna? —preguntó Brian.

—Aún no está lista. Y eso es bueno, porque quiero que me expliques esto —dijo Crystal, lanzándole el informe de la tarjeta de crédito—. Lo he descubierto esta mañana en tu carpeta de cosas para archivar.

Él se inclinó para recogerlo. Un cargo de 483 dólares estaba subrayado con marcador azul.

—¿Qué? —musitó él.

—¿Es pornografía por el Internet? —preguntó Crystal.

Él se quedó en silencio un momento. Antes de poder ofrecer una respuesta, ella gritó:

—¡No me mientas! ¡Puedo hacer una llamada ahora mismo y descubrirlo!

—Puedo explicarlo.

—No puedo creerlo —dijo ella—. ¿Cuánto tiempo ha estado durando esto?

—No mucho.

—Esta es la tercera vez que he visto un cargo en nuestra cuenta de más de cuatrocientos dólares. ¿Hay alguna otra persona?

—No, claro que no.

—¿Cómo puedo estar segura? Has mentido sobre este tipo de cosas antes —respondió ella con lágrimas.

—No hay nadie más. Lo prometo.

Brian nunca pensó que su problema estuviera fuera de control. Mientras fuese algo de lo que nadie más supiera, él sentía que no era un asunto moral, sino privado. Además, pensaba él, Crystal se había vuelto bastante fría con los años. La frecuencia de sus relaciones íntimas pasó de varias veces por semana a varias veces por mes, y después a varias veces por trimestre. Ocasionalmente, él le compraba flores y la llevaba a cenar fuera y al cine, pero la frialdad en su romance nunca se derretía. Debido a su soledad, él recurrió a la compañía virtual que nunca le rechazaba.

—Mi mamá me advirtió sobre las cosas que se transmiten de una generación a la siguiente. Tu padre era un mujeriego, y me he casado con un hombre que se ha vuelto como su padre. Eres igual que él —dijo Crystal.

—¿Ah, sí? Bien, parece que yo me he casado con una mujer que se ha vuelto como su madre. ¡No es sorprendente que tu papá la engañase todos esos años! Ella nunca demostró nada de afecto hacia él. Bien podría haber estado casado con un maniquí.

Crystal rechinaba los dientes.

—No puedo creerlo. Tú eres todo un trabajo.

—Yo también tengo necesidades —continuó Brian—. ¿Crees que me gusta mi vida? ¿Crees que me gusta satisfacer mis necesidades mediante una cita imaginaria con alguien que vive en el ciberespacio?

Finalmente, su hija entró a la cocina. Siguió un momento de incómodo silencio.

—¿Ya están listos? —preguntó Joanna.

—Sí, estamos listos —dijo Brian sombríamente.

—Yo no voy —dijo Crystal rompiendo en lágrimas.

Brian se quedó mirando fijamente al piso.

—¿Qué? ¿Qué quieres decir? —preguntó Joanna.

—¡Que vayan ustedes dos! —gritó Crystal.

Joanna estaba totalmente confusa, aunque no era la primera vez que había visto a su madre llorando por una acalorada disputa con su papá. Durante los seis últimos años, ella había visto a sus padres ir alejándose.

Cada pelea parecía abrir una brecha que los separaba cada vez más. Rara vez los veía sonreírse o agarrarse de la mano. Joanna sabía una cosa: no quería repetir los mismos patrones de destrucción que veía en el matrimonio de sus padres. Ella quería romper el ciclo y algún día tener una familia sana y llena de amor y apreciación. Más que ninguna otra cosa, ella quería detener la hipocresía que era tan obvia, hasta para una muchacha de quince años.

—Vamos, Crystal —dijo Brian—, hablemos de esto esta noche. Además, llegarás tarde al ensayo.

Crystal sabía que su esposo tenía razón. Era su obligación calmarse y ser una buena esposa y madre. Pidiendo un minuto para retocarse el maquillaje y recuperar la compostura, se dirigió al baño de invitados con su bolso.

De camino al ensayo, Brian obedeció el límite de velocidad y no se saltó ninguna señal de tráfico. Casi no hablaron ni una sola palabra durante el trayecto de siete minutos.

La familia se las arregló para cambiar su expresión justamente al entrar en el aparcamiento. Aunque exteriormente la familia parecía normal, interiormente el conflicto seguía su curso. Se unieron a varios cientos de personas que entraron en la iglesia aquella mañana de domingo. Crystal se dirigió hacia la sala del coro para comenzar a ensayar para su solo.

Con el paso de los años, Joanna siguió asistiendo a la iglesia a pesar de la disfunción familiar. A veces, iba ella sola y algún amigo del grupo de jóvenes la llevaba a casa. Finalmente, sus padres se divorciaron y asistían a iglesias diferentes. Durante sus años en la universidad, ella asistía a un pequeño grupo de estudio bíblico.

Una noche, ella hizo un pacto con Dios. Decidió que para tener acceso al poder necesario para romper con el pasado y avanzar y dejar atrás las cosas que la retenían, tendría que participar en una verdadera relación con Dios. Ser religiosa no era suficiente. La asistencia a la iglesia no era suficiente. Ser buena no era suficiente. Joanna descubrió que solamente una verdadera relación con el Dios vivo otorga a las personas el poder de experimentar verdadera libertad. Aquella noche cambió su vida para siempre.

Después de la universidad, Joanna se casó con un hombre cristiano, y tuvieron tres hijos estupendos. Aunque los primeros diez años fueron desafiantes, se las arreglaron para establecer un matrimonio sano y desarrollar sanas relaciones familiares. Hasta este día, sin embargo, ella tiene una ligera preocupación de que su relación pudiera terminar como la de sus padres.

Sirve como la motivación para mantenerla avanzando en la dirección correcta.

Estas dos historias ilustran una sencilla verdad. Si se deja desatendida una disfunción generacional, inevitablemente se repetirá. A pesar de cuál sea tu trasfondo, no hay garantías de una vida tranquila y sin problemas. Sea tu familia devota o no tenga ningún sentimiento espiritual en absoluto, solamente tú determinas tu salud espiritual. Jessica siguió sus propios deseos y terminó comenzando patrones de disfunción. En contraste, Joanna se reinventó al ser consciente de lo que la retenía y pidió a Dios que la cambiara.

En el capítulo anterior, pedimos a Dios que cambiase nuestras percepciones y nos ayudase a ver nuestras vidas como realmente son. Las vendas cayeron de nuestros ojos, y el momento de despertar nos dio una oportunidad de dar el paso más importante en el proceso del cambio. Iniciamos una relación con Dios.

En este capítulo aprenderemos cómo Cristo puede ayudarnos a dejar atrás los patrones destructivos que anteriores generaciones en nuestra familia siguieron. Y descubriremos varias claves para romper esos ciclos destructivos. Esas claves nos ayudarán a experimentar verdadera libertad y afectarán de modo positivo a las preciosas generaciones que nos siguen.

NO TIENES QUE LLEGAR A SER
COMO TU MADRE

En un momento u otro, muchas mujeres musitan en voz baja: "No quiero llegar a ser como mi madre". Los hombres sienten lo mismo con respecto a sus padres. Ya sea que amemos o despreciemos a nuestros padres, parece haber un hilo común entretejido en el corazón humano. Preferimos ser diferentes a quienes nos criaron.

El modo en que ellos caminan, hablan, reaccionan, piensan, hasta las maneras en que nos criaron, son cosas que queremos hacer de modo distinto cuando lleguemos a ser adultos. Cuando descubrimos que muchas de las tendencias de nuestros padres son algo natural para nosotros, nos sentimos incómodos. Es aun peor cuando alguien pronuncia esas temibles palabras: "¡Eres igual que tu madre!". "¡Eres igual que tu padre!". Aunque queremos ser libres para ser nuestra propia persona, batallamos por romper el ciclo.

En el libro de Éxodo encontramos una interesante perspectiva sobre los patrones de pecado que son transmitidos de padres a hijos. Cuando Dios entregó a Moisés dos tablas de piedra que contenían los Diez Mandamientos, le dijo que habría graves repercusiones para quienes quebrantaran las reglas (Deuteronomio 28:15–68). Dios dio la Ley para beneficio y protección de todos. Pero si quebrantamos ciertos mandamientos, las consecuencias no sólo nos impactan a nosotros sino también a nuestra familia y a las generaciones que siguen.

Los Diez Mandamientos sirven como una base para una vida moral y una conducta ética en la mayoría de países en todo el mundo. Una vasta mayoría de todos los sistemas judiciales aceptan al menos la mitad de los mandamientos como su punto de partida para el gobierno de la ley.

Los dos primeros mandamientos hablan de la idolatría y bosquejan las consecuencias para quienes los quebrantan.

Los israelitas habían salido de Egipto y comenzaron la caminata hacia la tierra que Dios prometió que reclamarían como suya propia. Viajaron cruzando el mar Rojo y se dirigieron al desierto. Éxodo 20 comienza con Dios estableciendo su derecho y autoridad para dar los mandamientos: "Dios habló, y dio a conocer todos estos mandamientos: Yo soy el SEÑOR tu Dios. Yo te saqué de Egipto, del país donde eras esclavo" (Éxodo 20:1–2).

En esencia, Él dijo: *Demostré mi poder sobre Faraón. Les saqué de la esclavitud. Envié las plagas sobre Egipto. Hice milagros, señales y maravillas. Les libré del tirano más poderoso del mundo. Por tanto, tengo la autoridad de darles los siguientes mandamientos. Ahora, entonces, esto es lo que quiero de ustedes. . .*

Entonces vemos los dos primeros mandamientos tal como Él se los dio a Moisés: "No tengas otros dioses además de mí. No te hagas ningún ídolo, ni nada que guarde semejanza con lo que hay arriba en el cielo, ni con lo que hay abajo en la tierra, ni con lo que hay en las aguas debajo de la tierra" (Éxodo 20:3–5).

Para el Señor, adorar ídolos es una grave ofensa. Si adoramos a alguien o algo que no sea Dios, rechazamos su señorío. La Biblia lo equipara al adulterio espiritual (Oseas 1:2), y las consecuencias de tal práctica son graves. Por esa razón, dos de los diez mandamientos están dedicados a este tema, y seis versículos tratan de esos dos mandamientos. Además, Dios dedica todo un versículo a explicar el castigo por quebrantar los dos primeros mandamientos: "No te inclines delante de ellos ni los adores. Yo, el SEÑOR tu Dios, soy un Dios celoso. Cuando los padres son malvados y me odian, yo castigo a sus hijos hasta la tercera y cuarta generación" (Éxodo 20:5).

Como la mayoría, yo batallo con el concepto de un Dios que castiga a sus hijos por los pecados de sus padres. ¿Cómo podría Dios —quien afirma ser justo— castigar a niños inocentes por los errores de anteriores generaciones?

Dios no nos mete en tentación (Santiago 1:13). Él no nos enseña a pecar, a adorar ídolos o a quebrantar sus leyes (Levítico 25:18). Él tampoco señala a niños con el propósito de destruir sus vidas (Marcos 10:13; Éxodo 22:22). ¡Esa no es la naturaleza de Él! Él simplemente corrige a quienes quebrantan sus mandamientos. Yo no debería preguntar: *¿Cómo podría Dios castigar a los hijos por los pecados de sus ancestros?* sino: *¿Quién es responsable de enseñar a los hijos a quebrantar las leyes de Dios?*

Si Dios no conduce a las personas a los patrones destructivos que son transmitidos de una generación a la siguiente, ¿quién lo hace? La respuesta es que los padres y la sociedad lo hacen. Preguntarás: ¿Cómo? Los hijos crecen observando el modo en que se comportan sus padres. También observan los hábitos de las personas en los medios de comunicación, de los maestros, los vecinos y los familiares, y finalmente imitan las cosas que ven. Alguien dijo una vez que los niños son como cámaras de video con piernas. Ellos caminan grabando todo lo que nosotros decimos y hacemos.

Los padres nos enseñan a caminar, hablar, comer,

y negociar nuestro camino en la vida. Nos enseñan a relacionarnos con nuestro mundo. Nos enseñan la diferencia entre lo correcto y lo incorrecto, y entre el bien y el mal. Aunque muchos padres son maravillosos ejemplos a seguir, algunos padres son capaces de enseñar a sus descendientes a engañar, mentir, fornicar, abusar, robar, no respetar el matrimonio, tratar mal a otros, ser hipócritas, aborrecerse a sí mismos, o no cumplir la ley.

Los padres no tienen por qué verbalizar a sus hijos lo que piensan. Su testimonio silencioso, la manera en la cual conducen sus vidas, ilustra lo que es aceptable para ellos. Puede que no digan: "Oye, ¿por qué no te vuelves adicto a las drogas cuando crezcas?"; o: "¿Por qué no llegar a ser un fornicador o un alcohólico?". Pero si su estilo de vida es disfuncional, comunican a sus hijos por su ejemplo lo que es aceptable.

Ahora estoy seguro de que te preguntarás: *¿Qué tiene que ver la disfunción familiar con la adoración a ídolos?* La respuesta es: más de lo que creemos. La adoración a ídolos no es simplemente musitar algún ritual o doblar las rodillas; implica mucho más que la adoración de una estatua de madera que ponemos en un estante o en el centro de un altar. Un ídolo puede ser cualquier cosa que busquemos fervientemente en lugar de Dios.

Un ídolo es algo que *regularmente, coherentemente,* y *habitualmente* buscamos y que produce gratificación o un impulso en un momento de necesidad, dolor o ansiedad. En palabras sencillas, es cualquier cosa que sustituya al Señor Dios Todopoderoso en nuestras vidas. En el núcleo del corazón humano está la necesidad de adorar algo. Cuando Dios no está en el centro de nuestras vidas, centramos nuestra adoración en algo o alguien que nos haga sentirnos mejor. Eso podría significar postrarnos y adorar estatuas; o podría ser el hambre inagotable de riqueza material; quizá sea una adicción. Todos los ídolos tienen una cosa en común: son cosas o personas ante los que nos inclinamos y nos volvemos dependientes de ellos. Es casi imposible vivir sin ellos.

Para los alcohólicos, el licor se convierte en un ídolo porque encuentran fuerza mediante la valentía que les da el líquido. Buscan calmar las voces de ansiedad que hay en sus cabezas por las presiones diarias que afrontan. Y cuando encuentran una tranquilidad simulada ante los ruidosos demonios que los persiguen, es cuando el alcohol se convierte en su dios.

En nuestra cultura, la compra compulsiva quizá sea el mayor de los vicios. Ahora más que nunca, las personas gastan en exceso como una manera de llenar el vacío de sus corazones. Comprar en el siglo XXI se ha convertido en una búsqueda implacable de adquirir ese artículo concreto de vestir, aparato electrónico, electrodoméstico, nuevo auto, juego de video, o el último modelo de cualquier cosa que pensemos que llena ese lugar vacío en nuestra vida. Cuando habitualmente buscamos un objeto material en lugar de Dios para llenar el vacío que hay en nuestros corazones, estamos participando en la idolatría.

Lo mismo puede decirse de las drogas. Cada vez más personas acuden a sustancias que alteran el humor para combatir sentimientos de soledad y ansiedad. Este hábito puede fácilmente conducir a una peligrosa dependencia, y su cuerpo se vuelve físicamente adicto a la sustancia. Quizá el adicto a las drogas no se inclina y adora a un dios llamado cocaína; pero muchos adictos están dispuestos a matar por la sustancia que les da un alivio temporal. Con el tiempo, se convierte en su dios.

Ya sea ver pornografía, abusar de otros, mentir habitualmente, participar regularmente en la murmuración, cometer frecuentes actos de adulterio, comer por las razones incorrectas, o ver demasiada televisión, cualquier cosa puede convertirse en un ídolo. Somos capaces de adorar cualquier cosa en nuestro momento de necesidad; y si nos permitimos adorar esas cosas como ídolos, nos esclavizamos y enseñamos la conducta pecaminosa a la generación que nos sigue.

Recientes estudios indican que los niños con al menos uno de los padres que beba tiene cuatro veces más probabilidades de llegar a ser ellos mismos alcohólicos. Tienen más probabilidades de consumir otras drogas, de desarrollar trastornos alimentarios, y de volverse suicidas. Tienen dos veces mayor probabilidad de casarse con personas alcohólicas.[1] Este patrón de destrucción no está limitado a la bebida. Otros hábitos pueden tener consecuencias devastadoras también. Pero lo que todas las conductas erróneas tienen en común es la facilidad con la cual pueden ser aprendidas y transmitidas a la siguiente generación: los hijos.

Alguien podría decir: *Sólo porque yo beba, mis hijos no necesariamente llegarán a ser alcohólicos.* O: *Sólo porque yo sea un comprador compulsivo* [o adicto a la comida] *no garantiza que mis hijos desarrollarán los mismos hábitos.* ¡Cierto! Pero si supieras que construir tu casa sobre el arcén de una autopista multiplicaría por cuatro la probabilidad de que tu hijo muriese atropellado por un auto, ¿construirías tu casa ahí? ¿Por qué jugar con los porcentajes? ¿Por qué tomar la probabilidad de afectar negativamente a las tres o cuatro generaciones que siguen?

HAY UN MEJOR PLAN

En lugar de continuar en el mismo patrón malicioso de conducta que has visto en anteriores generaciones, ¿por qué no detenerlo? Puedes experimentar verdadera libertad de las cosas que te retienen. Ya sea que batalles con un vicio, o una conducta compulsiva, o simplemente te sientas atascado, Dios te ofrece el poder para romper las cadenas. Él te ofrece poder por medio de Cristo.

Ahora centraremos nuestra atención en lo que Cristo vino a hacer: su misión. Entonces, cuando tengamos una idea clara de lo que Él puede hacer en nuestras vidas, descubriremos varias claves para la libertad de ciclos destructivos en nuestras vidas.

Era un día soleado, sin una sola nube en el cielo. Jesús, el Hijo de Dios, viajaba a la ciudad donde se había criado. Aquella mañana de día de reposo la sinagoga estaba llena. Él se puso en pie delante de la silla donde los rabinos daban sus discursos. De repente, el asistente se acercó hacia el frente y le entregó el rollo escrito por el profeta Isaías. Jesús enseguida pasó su dedo por el texto y encontró la parte exacta que describía su ministerio. La multitud comenzó a callar. Después de un rápido examen, Jesús levantó su cabeza, miró a su audiencia, y dijo:

El Espíritu del Señor está sobre mí,
    por cuanto me ha ungido
para anunciar buenas nuevas a los pobres.
    Me ha enviado a proclamar libertad
    a los cautivos
y dar vista a los ciegos,
    a poner en libertad a los oprimidos,
a pregonar el año del favor del Señor.

(Lucas 4:18–19).

Con un sutil movimiento de cabeza, Él indicó al asistente que se llevase el rollo. Se sentó y miró a la audiencia. Todos los ojos estaban centrados en Él. Entonces Él hizo la declaración que cambió la Historia: "Hoy se cumple esta Escritura en presencia de ustedes" (Lucas 4:21).

En ese momento, Jesús anunció que Dios le había enviado para liberar a quienes estaban espiritualmente oprimidos. Toda persona atrapada en las garras del pecado y de patrones destructivos podía experimentar una nueva vida. Esa palabra se aplicaba no sólo a la audiencia de Jesús hace dos mil años, sino también a nosotros en la actualidad. Más importante, esa palabra se aplica a ti. Si eres pobre (en cualquier aspecto, no sólo económicamente) y necesitas buenas noticias, si estás en la cárcel (atascado en cualquier mal hábito) y

deseas libertad, si eres ciego y quieres ver, o estás opri-
mido y buscas liberación, Cristo te ofrece su potente
mano ayudadora para liberarte.

Ya sea que tus padres fuesen abusivos, divorciados,
o adictos a alguna sustancia, ese ciclo no tiene por qué
continuar en tu vida. Quizá pasadas generaciones no
tengan nada que ver con ello. Tú podrías ser quien está
comenzando un ciclo de locura. De cualquier manera,
no tiene que continuar; no tiene que ser transmitido a
la siguiente generación. Tú no tienes por qué volverte
igual a la persona que te crió.

Esto es lo que sucede cuando escogemos el plan
de Dios: nuestras vidas cambian, y las vidas de nuestras familias cambian. Su plan no sólo nos capacita
para romper las cadenas en nuestras vidas, sino que a
medida que obedecemos las leyes que Él bosquejó en
Éxodo y continuamos colaborando con Él mediante
la oración, ponemos en movimiento la bendición que
toca a mil generaciones que nos siguen.

Al igual que el Señor dedicó un versículo a des-
cribir las consecuencias de tener ídolos, también nos
dio un versículo que describe las implicaciones de ser
obedientes a su ley. El último versículo del pasaje que
examinamos anteriormente habla sobre lo que Dios
hace por quienes le obedecen. Éxodo 20:6 dice de Él:

"cuando me aman y cumplen mis mandamientos, les muestro mi amor por mil generaciones". Cristo fue enviado para ayudarnos a desarrollar una relación con Dios, a amarle, y a guardar sus mandamientos. Y cuando guardamos sus mandamientos, nosotros y nuestras familias comienzan a experimentar las bendiciones de Dios por muchas generaciones.

Ahora veremos algunas maneras de romper ciclos destructivos.

CLAVES PARA ROMPER CICLOS DESTRUCTIVOS

1. Romper el ciclo comienza con una constante transferencia de liderazgo

Cuando descubrimos los orígenes de las cosas que nos retienen, participamos en una constante transferencia de liderazgo desde nosotros hacia Dios. Utilizo la frase *constante transferencia* porque nuestra naturaleza humana nos empuja a ser los líderes de nuestra propia vida. Siempre habrá una tendencia a hacer las cosas que *nosotros* queremos hacer. Esa lucha es algo que todo el mundo afronta, especialmente cuando se trata de la batalla de hacer lo que es piadoso o pecaminoso. Es un tira y afloja entre lo que nosotros queremos y lo que

Dios dice que es correcto. Pablo entendía bien esto. Él admitió: "De hecho, no hago el bien que quiero, sino el mal que no quiero. Y si hago lo que no quiero, ya no soy yo quien lo hace sino el pecado que habita en mí" (Romanos 7:19–20).

Puede que estés pensando: *Yo tengo una relación con Dios. Voy a la iglesia de vez en cuando. Hasta leo mi Biblia y oro de vez en cuando. ¿Por qué debería transferir el liderazgo de mi vida a Dios cada día?* Créeme, amigo, todas esas cosas son maravillosas y te beneficiarán de muchas más formas de las que puedes imaginar; pero sólo porque asistamos a la iglesia, leamos nuestra Biblia y oremos, no significa que automáticamente seamos liberados de la conducta destructiva. Iniciar una relación con Dios es un punto de comienzo, pero sólo es donde comienza el proceso de obtener libertad. La constante transferencia de liderazgo debe continuar cada día hasta que muramos.

He aconsejado a miles de personas que asisten a la iglesia y dicen que tienen una relación con Dios. En la siguiente frase, me hablan sobre su lucha con la pornografía, con la bebida, o con alguna otra cosa. Esos hábitos les roban el gozo. ¿Conocen ellos a Dios? Claro. ¿Son libres? Obviamente no. Una cosa es conocer a

Dios como Salvador y Señor; otra cosa es alinear tus prioridades según la voluntad de Él.

Precisamente por eso Jesús dijo: "Si alguien quiere ser mi discípulo, que se niegue a sí mismo, lleve su cruz cada día y me siga" (Lucas 9:23). Hacer a Cristo Señor de nuestra vida es un proceso diario, un proceso que requiere que tomemos nuestra agenda egoísta y la hagamos a un lado. Entonces podemos decir: "Sé Señor en mi vida, y dame tu poder para reinventarme".

Recientemente, conocí a alguien que leyó mi primer libro, *Rompiendo las Barreras*. Lo llamaré Juan. El ex-agente de bolsa de treinta y cinco años de edad tenía un historial estelar a lo largo de su carrera. Durante el periodo de dos décadas, fue ascendiendo. Y Juan tenía una feliz vida personal; estaba casado y asistía a la iglesia con regularidad.

Un día, la empresa realizó una investigación, y el estrés se volvió abrumador para Juan. Aunque Juan fue considerado inocente de cualquier mala práctica durante la investigación, él tomó una excedencia. Semanas después, su estado había empeorado, y se deprimió.

Entre el estrés y la depresión, su sentimiento del bien y del mal comenzó a deteriorarse. En lugar de acudir al alcohol o las drogas, Juan se dirigió hacia las peligrosas aguas de la pornografía en el Internet. Comenzó a cruzar una línea moral. Desde luego, su esposa no conocía su secreto; nadie en la iglesia sospechaba nada; sus amigos nunca pensaron en preguntar.

Al principio, su hábito le llevó a páginas web pornográficas principales, pero cuando ya no satisfacían su deseo de placer erótico, navegó hacia páginas con menores. Pronto, estaba chateando en línea con jóvenes adolescentes. Cristo ya no estaba en el timón de su corazón. Juan había escogido un ídolo y había transferido el liderazgo de nuevo a su propio mando. Su brújula moral no sólo estaba funcionando mal, sino que estaba totalmente destruida.

Un día conoció a una animadora de secundaria en una sala de chat en línea. Su nombre era Brianna. Él le dijo que era un estudiante de segundo año de secundaria, y que jugaba fútbol americano. En un principio, su conversación fue superficial, pero después de diez días ella comenzó a abrirse a él. Estaba afligida por el hecho de que sus padres se habían divorciado y su madre había permitido que un hombre al que ella apenas conocía se fuese a vivir con ellas. Durante el curso de varias semanas, chateaban cada noche hasta altas horas de la madrugada. Finalmente, él reveló su deseo de conocerla personalmente. Ella estuvo de acuerdo.

Designaron una fecha y se pusieron de acuerdo en

un lugar concreto. Él no quería ser demasiado notorio, así que esperó quince minutos antes de llegar al lugar de la cita, una zona aislada con mesas detrás de un edificio adyacente a un parque. Él fue caminando por el pasillo que había entre los dos edificios y dio la vuelta a la esquina. Allí estaba ella, una joven sentada sola en una de las mesas. El corazón de él se aceleró. Ella era más bonita que en la fotografía que le había enviado. Cuando se acercó, dijo: "¿Eres Brianna?". Ella dijo: "¿Por qué? ¿Quién quiere saberlo?". Él dijo: "Soy yo, Juan". Justamente cuando él dijo su nombre, alguien le agarró desde detrás y dijo: "¡Está usted arrestado!".

Antes de que se diera cuenta de nada, fue empujado al suelo por dos policías secretos que le leyeron sus derechos. La muchacha que estaba sentada en la mesa era una oficial de policía, un señuelo. Sin saberlo Juan, en realidad había estado conversando en una sala de chat con una mujer de treinta y cinco años que era parte de un grupo de trabajo especial para agarrar a depredadores sexuales.

Un hombre que tenía una distinguida carrera en Wall Street, un hermoso matrimonio y un futuro prometedor, de repente se encontró entre rejas por algo inimaginable. Pasó su tiempo en la cárcel pensando en los errores que había cometido. El error más trágico fue hacer a un lado su relación con Dios y seguir sus propios planes. Ese error produjo su destrucción. Hasta su arresto, él gradualmente fue tomando otra vez el trono de su propio corazón, y rechazando el liderazgo de Cristo. Como resultado, patrones de pecado destruyeron todo lo que él amaba y atesoraba.

Él oía buena enseñanza bíblica, leía su Biblia, y oraba. Pero cuando se trató de alinear sus prioridades con la voluntad de Dios, falló miserablemente. Sentado en la cárcel, decidió volver a conectar con Dios. Desgraciadamente, tuvo que hacerlo solo, sin una esposa ni una familia. Descubrió dolorosamente las devastadoras consecuencias de adorar ídolos y de tratar de dirigir su propia vida.

Si queremos experimentar libertad de los patrones que nos causan destrucción, la primera clave es transferir el liderazgo a Dios. Aceptar su señorío nos capacita para atravesar el confuso laberinto de cosas que nos retienen. Permitir que Cristo nos ayude a definir lo que es correcto e incorrecto siempre señalará nuestra vida hacia la dirección correcta. Si no tenemos a Cristo como nuestro líder, no sabremos qué dirección tomar y permaneceremos en la indecisión. Nuestros hábitos destructivos se convertirán en los hábitos destructivos de la siguiente generación.

¿Está conduciendo ser el líder de tu propia vida a una vida sana y feliz? Si no es así, quizá necesites entregar a Dios el liderazgo de tu vida. Si estás experimentando dificultad para escoger entre lo que es correcto o incorrecto, hay buenas noticias. Dios quiere ayudar. Cuando le das a Cristo el liderazgo de tu corazón, el ciclo destructivo se rompe y el poder del reino de Dios es liberado en tu vida. Ningún vicio puede refrenarte. Ninguna cadena es demasiado fuerte. Ningún adversario puede tomarte la delantera. Cuando tu corazón está en las manos de Dios, Él está de tu lado. "¿Qué diremos frente a esto? Si Dios está de nuestra parte, ¿quién puede estar en contra nuestra?" (Romanos 8:31). La respuesta es: nadie.

Cuando rindas tu voluntad a la de Él, Dios terminará la obra de bendición que Él comienza en ti. "Estoy convencido de esto: el que comenzó tan buena obra en ustedes la irá perfeccionando hasta el día de Cristo Jesús." (Filipenses 1:6). Mientras tú lo desees, Dios obrará para mantenerte en la dirección correcta. Mientras tú busques su voluntad y su liderazgo cada día, estarás avanzando hacia lo mejor de Dios para ti.

Quizá conoces a Cristo como Salvador y Señor, pero cuando te enfrentas a una tentación en particular, te encuentras luchando. Si ese es el caso, la siguiente clave para romper el ciclo promete ser útil a medida que accedes al poder de Dios para reinventarte.

2. Romper el ciclo comienza afrontando la tentación

Fue uno de los momentos más oscuros de mi vida. Cuatro años después de que decidiera seguir a Cristo en aquella vieja iglesia de la Alianza Cristiana Misionera en Big Bear Lake, lentamente me fui alejando de mi relación con Él. Era estudiante de primer año en la universidad. Desgraciadamente, no había tratado el bagaje de mi niñez. Comencé a vivir una vida que era incongruente con mis valores cristianos, y como resultado, no pude salir victorioso de las tentaciones que afrontaba.

Una noche, bebí demasiado champagne mezclado con otra sustancia, todo con el estómago vacío. A los pocos minutos, tuve una horrible sensación de haberme vuelto loco y haber perdido toda sensación de tiempo. Era como si estuviera viviendo en un universo paralelo.

El pánico se aferró a mi corazón y no se iba. La lengua se me fue hasta la garganta, y mi corazón comenzó a acelerarse. Yo intentaba respirar lenta y profundamente, pero nada funcionaba. Sin importar lo que me dijera a mí mismo, no podía calmarme. Finalmente le pedí a un amigo que me llevase a urgencias.

El doctor leyó mi informe, me echó una mirada, y dijo: "¿Por qué un joven brillante como tú hace algo tan necio? Tú eres más inteligente que esto. No volverás a hacerlo otra vez, ¿verdad?".

Yo dije: "No, señor", y lo dije de verdad.

Él se giró y se dirigió a la puerta, diciendo: "Estarás bien en una hora o así".

Me quedé sin habla. Su reprensión fue convincente y al grano. Yo había hecho algo muy necio. Lo triste era que yo sí era más inteligente que eso, pero dejé que la tentación se llevara lo mejor de mí. Aproximadamente una hora después, las cosas comenzaron a asentarse en mi cabeza.

Hice un asombroso descubrimiento mediante aquel doloroso episodio. Sin Cristo, no tenemos esperanza de ser liberados de los patrones que nos mantienen en cautividad. Sin una relación con Dios, carecemos del poder necesario para vencer las cosas que nos retienen. Sin la ayuda de Dios, es extremadamente difícil vencer las tentaciones a que nos enfrentamos. Yo necesitaba el poder de Él para resistir, pero mi relación con Dios se había deteriorado, y con ella mi capacidad de decir no.

La Biblia dice en 1 Pedro 5:8: "Practiquen el dominio propio y manténganse alerta. Su enemigo el diablo ronda como león rugiente, buscando a quién devorar".

Satanás trabaja incesantemente para seducirnos a que cedamos en las leyes que Dios entregó a la humanidad. Y él conoce nuestras debilidades. Satanás pone tentaciones en nuestro camino para causar nuestra destrucción. Una vez que estamos arruinados, mostramos a otras generaciones cómo seguir nuestros pasos.

¿Has hecho dieta alguna vez? Puede ser una experiencia dolorosa, especialmente durante las dos primeras semanas. Permite que invente un escenario. Digamos que comienzas estupendamente. Reúnes la fuerza de voluntad para aumentar tus actividades diarias y disminuir tu ingesta calórica. Has ido al gimnasio cuatro veces por semana y has evitado exitosamente las barritas de chocolate, los alimentos fritos, y los capuchinos. Un día, recibes una llamada de una amiga invitándote a cenar en su casa. Aceptas la invitación pero mencionas con cautela que estás intentando hacer dieta.

Cuando llegas, además de la sonrisa de tu anfitriona, notas el seductor aroma de pollo al pesto y pan de ajo. Entras en la sala y admiras la atmósfera con velas. Es ideal para una bonita y amigable cena. Su atención al detalle es impecable. Te sientas en la mesa con los otros invitados. La primera mordida del pollo es increíble, y ahora sientes que tienes problemas. Las porciones son pequeñas, pero decides servirte un extra;

después de todo, es sólo pollo. La bebida de frutas es increíble. Pero bueno, las bebidas no cuentan, ¿verdad? Tienes a tu anfitriona como diciendo: *¡Sigue sirviendo!* Mientras estás en ello, consigues un extra de ese brócoli al queso. Después de todo, es verdura.

Entonces tu anfitriona saca el postre. Resulta que es tu postre favorito; un pastel de café y chocolate hecho con helado y recubierto de salsa caliente. De repente, el mundo se detiene. ¿Es tu imaginación? ¿O es ese saxofón que toca jazz suavemente en un segundo plano? Cuando tu amiga pone en la mesa la monstruosa tentación, observas las láminas de almendras tostadas que cubren los bordes. La voz que te recuerda lo gordo que te sentías cuando comenzaste la dieta ha quedado silenciada.

Tu ropa parece no quedarte tan apretada ahora. Piensas: *Quizá pueda tomarme la mitad de un pedazo.* Así que te ocupas de ese medio pedazo. La conversación en la mesa continúa. Las personas están alegres. La conversación es ligera. Desgraciadamente, nadie quita la mesa, y tratas de no quedarte mirando a los pedazos restantes del pastel. Pero no puedes evitarlo. Es como si la otra mitad de tu pedazo comenzase a hablarte: *Aquí estoy, solito, esperando dar a alguien un placer inmensurable. Vamos. No dejes que me desperdicie.*

No puedes detenerte. Agarras tu tenedor y te sirves la otra mitad del pedazo que dejaste en la bandeja. Además, era *tu* pedazo. Después de varios minutos, te sirves otro pedazo. Antes de levantarte de la mesa, has consumido más calorías de las que consumiste en los dos días anteriores. El daño está hecho.

En este escenario, caes en la tentación no debido a verduras hervidas o pescado cocido. Caíste, antes que nada, porque algo te tentó. Golpeó tu debilidad, y te sedujo. En segundo lugar, fuiste incapaz de ver las consecuencias de tus actos hasta que fue demasiado tarde; es decir, hasta que te pesaste en la báscula la mañana siguiente. Si hubieras sabido de antemano que tu ingesta total esa noche iba a estar cerca de las dos mil calorías, podrías haber preferido tomar un café con tu amiga.

Satanás tienta a las personas de maneras parecidas. Aunque un pastel puede que no destruya tu vida o tu familia, cosas como una aventura extramatrimonial, adicción a las drogas o el gasto en exceso sí puede hacerlo. El enemigo promete placer, poder, diversión y emoción. Desgraciadamente, no podemos ver lo que nos cuesta hasta que es demasiado tarde. En medio de la tentación, nos resulta difícil oír la voz de la razón, la voz de la bondad, la voz de la justicia, la voz que nos ayuda a elegir sanamente por nuestros seres queridos y por nosotros mismos. Cada vez que la tentación nos conduce a quebrantar una de las leyes de Dios, estamos en la báscula de la vida y tristemente llegamos a ver el daño causado.

¿Necesitas experimentar victoria sobre las cosas que te aplastan? ¿Necesitas descubrir una manera poderosa de vencer la tentación? ¿Necesitas desarrollar dominio propio? Si es así, la siguiente historia promete revelar algunas herramientas poderosas que puedes utilizar para vencer las tentaciones que te derriban.

En Mateo 3:13–17 encontramos esta historia: El aire era vigorizante. Los cielos estaban azules y ni una sola nube estaba a la vista. Jesús se dirigió hacia el río. Cuando se aproximaba a la orilla, vio a un hombre llamado Juan bautizando a gente en el Jordán. Cuando Jesús le pidió ser bautizado, Juan dijo: "Yo soy el que necesita ser bautizado por ti". Jesús insistió: "Dejémoslo así por ahora, pues nos conviene cumplir con lo que es justo" (v. 15). En su corazón, Juan sabía que Jesús tenía razón.

En cuanto Jesús salió del agua, vio al Espíritu de Dios descender como una paloma, y un resplandor celestial se posó sobre Él. De repente, todos oyeron una voz del cielo que decía: "Éste es mi Hijo amado; estoy muy complacido con él" (v. 17).

En cuanto hubo oído Él esas palabras, el Espíritu le condujo al desierto para un periodo de preparación ministerial. Durante cuarenta días, Jesús no comió nada, y cuando hubo terminado el periodo de ayuno de seis semanas, tuvo hambre. Fue entonces cuando el diablo llegó para tentarle. Su momento no era coincidencia.

Sabiendo lo que estaba en juego, el enemigo decidió tentar a Jesús en un área que Él finalmente tendría que rendir. No podía seguir siempre sin comida ni agua. Tarde o temprano el ayuno tendría que terminar, y Satanás lo sabía. Quizá lo único que Jesús necesitaba fuese un simple empujón para salirse del curso. Hubo un sutil desafío por debajo de la tentación culinaria. Satanás desafiaría también su ego. Sus palabras fueron estratégicas y calculadas.

"Si eres el Hijo de Dios, ordena a estas piedras que se conviertan en pan" (Mateo 4:3). El desafío implicaba que el enemigo dudaba de la deidad de Cristo. Si Jesús era el Hijo de Dios, no necesitaría convertir las piedras en pan. Si Él no era el Hijo de Dios, quizá Satanás pudiera darle algo de comer. El enemigo probablemente esperaba una respuesta como: "¿Qué quieres decir con 'Si soy'?"; o: "Claro que tengo hambre; ahora mismo podría comerme un rico sándwich".

En lugar de enredarse en un debate, sin embargo,

Jesús citó la Escritura: "Escrito está: 'No sólo de pan vive el hombre, sino de toda palabra que sale de la boca de Dios'" (Mateo 4:4). Dios era su fortaleza, y Él obtuvo mucho alimento a lo largo del periodo que pasó con su Padre celestial.

El enemigo no mostró desánimo. En cambio, condujo a Jesús al corazón de la ciudad santa, y con un potente movimiento, le elevó hasta el pináculo del templo. En su primer encuentro, Jesús utilizó la Escritura como una fuerte defensa. Esta vez, Satanás no se quedó atrás. Comenzando con la misma frase que antes, Satanás dijo: "Si eres el Hijo de Dios, tírate abajo. Porque escrito está: 'Ordenará que sus ángeles te sostengan en sus manos, para que no tropieces con piedra alguna'" (v. 6). Esta vez, Satanás tentó la vanidad de Jesús. Una vez más, Jesús respondió citando la Escritura: "También está escrito: 'No pongas a prueba al Señor tu Dios'" (v. 7). No había necesidad de más debate o desarrollo.

Satanás estaba decidido a encontrar una grieta en la armadura de Jesús. Después de probar su ego, su vanidad y sus necesidades físicas, ¿qué quedaba? ¿Podía un hombre resistir todo el esplendor, la gloria y el poder del mundo? Seguramente esas cosas serían suficientes para tentar a Cristo. Esta vez, Satanás escogió no insultar su deidad. En cambio, llevó a Jesús a un alto monte desde donde podían ver todos los reinos del mundo en su esplendor. "Todo esto te daré si te postras y me adoras" (Mateo 4:9).

Una vez más, el alma de Cristo no estaba a la venta, a ningún precio. La oferta de Satanás fue rechazada al instante. El trato era totalmente ofensivo, y con una voz de autoridad, Cristo le dijo al diablo: "—¡Vete, Satanás! . . . Porque escrito está: 'Adora al Señor tu Dios y sírvele solamente a él'" (Mateo 4:10). El desafío acabó. Jesús resistió, y el enemigo solamente pudo hacer una cosa: huir. Entonces Dios envió ángeles para atender a las necesidades de su Hijo.

Jesús venció porque había una línea que Él no cruzaría. En su mente, nunca fue una opción. Él no permitió que su ego se interpusiera en el camino. No permitió que la vanidad le tentase a hacer algo que más adelante lamentaría. No permitió que su sed de poder le sedujera a vender su alma. Él rechazó la idea de que sus necesidades físicas se sobrepusieran a sus necesidades espirituales.

Desgraciadamente, algunas personas están dispuestas a sacrificar su dignidad a fin de obtener poder. Otras están dispuestas a hacer cualquier cosa por dinero. Y aun otros individuos ceden en sus valores porque insisten en buscar ser el número uno.

Por tanto, ¿qué podemos aprender del ejemplo de Cristo en cuanto a manejar la tentación? En primer lugar, necesitamos definir en nuestra mente qué línea no cruzaremos nunca. Ya sea engañar a nuestro cónyuge, intentar deliberadamente engañar a alguien, o utilizar palabras para hacer daño a otros, debemos delimitar claramente las áreas que consideremos inaceptables. Una vez que estén claras, entonces podemos comenzar a construir resistencia a las cosas que demuestran poder sobre nosotros.

Después, podemos aprender a utilizar la Escritura para abordar nuestra debilidad. Cuando la tentación surja, podemos dejar que el Señor luche la batalla a medida que utilizamos su Palabra para hablar al asunto. Jesús usó respuestas de una sola frase a las tentaciones de Satanás que eran bíblicas y concretas. Él no se enredó en un debate ni se distrajo.

Finalmente, en el último encuentro, Cristo hizo una fuerte represión a Satanás para que se fuera. A veces la tentación no se irá, y constantemente minará nuestras defensas. Es entonces cuando simplemente necesitamos levantar nuestra voz y decir: "Ya basta, ¡aléjate de mí, Satanás!". A veces necesitamos tomar la autoridad que Cristo nos ofrece y utilizarla. La Biblia dice: "Cuando los setenta y dos regresaron, dijeron contentos: Señor, hasta los demonios se nos someten en tu nombre. Yo veía a Satanás caer del cielo como un rayo —respondió él—. Sí, les he dado autoridad a ustedes para pisotear serpientes y escorpiones y vencer todo el poder del enemigo; nada les podrá hacer daño" (Lucas 10:17–19).

Finalmente, la mejor manera de tratar la tentación es pedir a Dios la fortaleza para resistirla. "Así que sométanse a Dios. Resistan al diablo, y él huirá de ustedes" (Santiago 4:7). Recuerda: no estás solo. Dios está contigo, y Él entiende las cosas que estás afrontando. La Biblia dice: "Porque no tenemos un sumo sacerdote incapaz de compadecerse de nuestras debilidades, sino uno que ha sido tentado en todo de la misma manera que nosotros, aunque sin pecado. Así que acerquémonos confiadamente al trono de la gracia para recibir misericordia y hallar la gracia que nos ayude en el momento que más la necesitemos" (Hebreos 4:15–16). La próxima vez que afrontes una difícil tentación, sabe que Dios te guiará en la tormenta y te dará el poder de vencer las cosas que te tientan.

Hasta aquí en esta sección hemos cubierto dos claves importantes para romper el ciclo. Hemos estudiado la importancia de transferir constantemente el liderazgo de nuestra vida al Señor y aprender a manejar la tentación. Ahora vamos a enfocarnos en la tercera clave.

3. Romper el ciclo comienza con ser consciente de lo que dices, sientes y haces

Para escapar del ciclo de la conducta destructiva en nuestras vidas, debemos prestar atención a nuestras palabras, nuestros sentimientos, y nuestra conducta. Veamos primero la importancia de las palabras que decimos.

Lo que dices. Admiro y respeto a Zig Ziglar, uno de los mejores comunicadores de nuestro tiempo. En una serie de audio, él hace una profunda afirmación: "Recuerda: el micrófono siempre está encendido". Él tiene razón. Alguien está siempre escuchando lo que decimos. Nuestras palabras nunca pasan desapercibidas. Aun cuando creemos que estamos totalmente solos, el Señor está siempre con nosotros y oye nuestros pensamientos antes de que los pronunciemos (Salmo 139:2, 7).

El modo en que hablamos tiene un gran impacto en nuestros seres queridos, especialmente en nuestros hijos. Si queremos romper el ciclo de destrucción en nuestro matrimonio y familia, necesitamos ser conscientes de las cosas que decimos y del modo en que las decimos. Cada palabra conlleva un significado y una impresión. Una vez que sale de nuestra boca, no podemos hacerla regresar.

Había sido un largo tour de conferencias, y estaba contento de estar de camino a casa. Me fui de Miami por la mañana con una parada. Sabiendo que pronto vería a mi familia, pude arreglármelas para un último tramo hasta Los Angeles. Después de aterrizar, descubrí que mi último vuelo tenía cuatro horas de retraso. *No puede ser*, pensé. Yo quería ver a mi esposa y a mis hijas; y esperaba con anhelo dormir en mi propia cama. No quería pasar ni un segundo más estando lejos de casa.

Después de estar en la fila por treinta minutos, fui cambiado a otro vuelo. Finalmente, me dirigía a casa. ¡Qué estupendo sentimiento! Me senté en el asiento desde el que se ve el motor derecho. El avión dio marcha atrás desde la puerta y comenzó a avanzar por la pista. Encendí un canal en el sistema de audio del avión dedicado al control del tráfico aéreo. En él, los pasajeros podían escuchar las conversaciones entre el piloto y la torre de control. Durante el despegue oí al piloto hacer una afirmación asombrosa. Llamó a la torre y dijo: "Vaya, tenemos un problema. Durante el despegue, nuestro parabrisas derecho se ha agrietado. Creo que necesitamos regresar al aeropuerto de inmediato".

El temor se apoderó de mí. Nos íbamos acercando

a los diez mil pies de altura y no podíamos subir más hasta que se decidiera si íbamos a continuar o a regresar al aeropuerto. La torre de control preguntó al piloto qué quería hacer, y él respondió: "Bien, no estoy seguro de si hay algunas restricciones de operaciones mientras volamos con un parabrisas roto. Estamos llamando a nuestras oficinas. Por favor, espere".

Yo no me considero a mí mismo un viajero paranoico. Me encanta volar. Sin embargo, yo estaba visualizando la presión de aire dentro del avión causando la explosión del parabrisas. Si eso sucedía, el piloto sería succionado y sacado del avión junto con el resto de la tripulación y los 140 pasajeros. Esa parecía una preocupación razonable, especialmente ya que el piloto no ascendería más de diez mil pies.

De algún modo, el canal de audio fue ajustado a todas las comunicaciones de la cabina. Oí dos llamadas telefónicas seguidas de tres tonos ascendentes. Entonces oí la frase que todos aborrecemos: "Lo sentimos; todas las líneas están ocupadas. Por favor, vuelva a llamar más tarde". Yo pensé: *¡No puedo creer lo que estoy oyendo!*

Mientras tanto, continuamos en un patrón de espera a diez mil pies de altitud.

Una vez más, el teléfono sonó dos veces; seguido de la misma grabación. Finalmente, en el tercer intento, oí la respuesta al otro lado del despachador. Él se las arregló para contactar con el supervisor de mantenimiento, y después de varios largos minutos, los tres estábamos realizando una conferencia. El supervisor de mantenimiento buscó en su manual la sección sobre parabrisas fracturados.

Él preguntó: "¿Qué parabrisas tiene la grieta, el interior o el exterior?". Yo estaba pensando: *¿A quién le importa? ¡Hagan aterrizar el avión!* "Creemos que es la ventana exterior la que está agrietada", respondió el piloto. "Bien, si ese es el caso, no hay restricciones de operaciones. Sin embargo, en cuanto aterrice, el avión quedará en tierra hasta que mantenimiento pueda sustituir todo el parabrisas. Eso tomará unas ocho horas". El piloto dio las gracias al supervisor y colgó.

Entonces llamó a la torre de control, la cual nos había estado guiando entre las docenas de aviones que llegaban a la zona y salían de ella. El piloto dijo: "Bien, parece que no tenemos restricciones operativas. Sin embargo, hemos consumido más combustible del que pensábamos al estar volando en círculos durante los últimos quince minutos. No estoy seguro de que tengamos suficiente combustible para llegar a Los Angeles".

"¿Qué quiere hacer?", preguntó el controlador. Después de varios largos segundos, el piloto respondió:

"Seguiremos hasta que nos quedemos sin combustible; quiero decir, lo lejos que podamos. Creo que nos dirigiremos a Los Angeles".

Yo pensé: *Perdone. ¿Soy yo el único que cree que esa es una mala idea?* Volar con un parabrisas agrietado sonaba como un desastre a la espera de producirse. Entonces descubrimos que la tripulación no sabía si teníamos suficiente combustible para llegar. Volar no es como conducir un auto. No podemos simplemente salir de la autopista y llenar el tanque si vamos un poco bajos. Apenas hay lugares para hacer aterrizar un Boeing 737 hasta llegar a Las Vegas. Cuando oí las palabras: "Iremos tan lejos como podamos", yo estaba menos ansioso por dormir en mi propia cama y más ansioso por sentir el suelo —cualquier suelo— bajo mis pies.

El resto del vuelo fue tranquilo y sin problemas. El piloto hizo sabias elecciones durante el camino, y nuestras vidas nunca estuvieron en peligro. Obviamente, llegamos a Los Angeles de una sola pieza. Vientos favorables y condiciones de tráfico aéreo nos permitieron llegar solamente con veinte minutos de retraso. Cuando aterrizamos, di gracias a Dios. Después me reuní con mi familia para cenar y valoré el momento mucho más.

Aunque el capitán y el primer oficial eran individuos muy capacitados, no tomaron en cuenta el impacto que sus palabras tendrían en aquellos de nosotros que íbamos en la cabina principal. El micrófono estaba abierto todo el tiempo, pero los dos hombres que dirigían el avión no tenían ni idea. Cada pasajero que estaba escuchando el canal de audio oyó lo que se decía y el tono en que se decía. Cuando nos aproximábamos a Los Angeles, el sobrecargo llamó a la cabina de vuelo y le dijo al capitán que los pasajeros oyeron las transmisiones entre el avión, la torre de control, y el hangar de mantenimiento. Al oír eso, ¡él respondió algo que no puedo repetir aquí!

La sabiduría nos dice que siempre habrá una audiencia escuchando lo que digamos, y que nuestras palabras tienen un potente impacto en las vidas de otros. Nuestros hijos están constantemente sintonizados. Nuestras familias recogen todo tono sutil y matiz que salga por nuestra boca. Nuestros amigos se sientan en la cabina principal de la vida escuchando todo lo que sucede en la cabina de los pilotos. David conocía la importancia de vigilar sus palabras. Dijo: "Me abstendré de pecar con la lengua" (Salmo 39:1).

¿Por qué es este punto tan vital para romper el ciclo de conductas destructivas? Porque un padre puede afectar de manera drástica la autoestima de su hija con un comentario sobre su peso. Una madre puede dañar el frágil ego de su hijo con un pícaro comentario sobre su falta de inteligencia. Un esposo puede crear una atmósfera de soledad en su matrimonio utilizando pocas palabras. Una esposa puede alejar a su esposo utilizando demasiadas palabras. "Así también la lengua es un miembro muy pequeño del cuerpo, pero hace alarde de grandes hazañas. ¡Imagínense qué gran bosque se incendia con tan pequeña chispa! También la lengua es un fuego, un mundo de maldad. Siendo uno de nuestros órganos, contamina todo el cuerpo y, encendida por el infierno, prende a su vez fuego a todo el curso de la vida" (Santiago 3:5–6).

Quizá la razón más importante por la que necesitamos ser conscientes de nuestras palabras es que lo que hablamos es una fuerte indicación de las cosas que tenemos en nuestro corazón. Cómo vemos a las personas, especialmente a nuestros familiares, finalmente saldrá en nuestras palabras. Por eso Jesús advirtió a sus discípulos sobre la manera en que ellos se hablaban unos a otros. Él dijo: "Pero lo que sale de la boca viene del corazón y contamina a la persona" (Mateo 15:18). Tarde o temprano, verbalizamos el modo en que percibimos a nuestros hijos, nuestro cónyuge, hermanos, hermanas, y otras personas cercanas a nosotros. Lo que decimos puede herir o puede levantar. La elección es nuestra. Una de las maneras en que podemos trabajar con diligencia para romper el ciclo de conducta destructiva es ser conscientes de lo que decimos.

Con nuestras palabras, podemos edificar a las personas e inspirarlas a romper las barreras que las retienen. Al hacerlo, avanzaremos un paso más cerca para romper el ciclo que nos impide seguir adelante. Monitorear nuestras palabras es sólo una parte del proceso. De muchas maneras, lo que decimos está directamente relacionado con cómo nos sentimos. Esto nos lleva a la siguiente área de conciencia: entender lo que sentimos.

Lo que sientes. El mayor adversario al que nos enfrentamos al romper el ciclo de destrucción puede que no sea lo que hemos experimentado. Podría no ser nuestro pasado o algún trauma del que hayamos sido testigos. Podría ser, de hecho, nuestras emociones, el modo en que nos sentimos. Mira, muchas personas no son conscientes de sus emociones y del poder que ellas tienen sobre nosotros. ¿Conoces a alguna mujer que esté en una relación malsana con un hombre que ella sabe que no es bueno para ella? Sin embargo, porque se siente sola, se conforma con menos. Después de un año o dos, finalmente se pregunta por qué desperdició tanto tiempo en alguien que sólo se interesa por él mismo. En este caso, sus sentimientos le empujaron hacia algo malsano.

Sé consciente de lo que sientes. Toma nota de lo que tus sentimientos tratan de decirte. Si los ignoras, podrías terminar como la mujer: en una mala relación. O quizá podrías volverte como la adolescente que batalla con frecuentes pensamientos de suicidio. O podrías imitar al joven deportista que tiene un estilo de vida promiscuo. Los sentimientos tienen una irónica manera de manipularnos cuando no reconocemos su presencia.

Con frecuencia las personas parecen disfrutar de las conductas destructivas que están tratando de cambiar. Pero eso es cierto sólo parcialmente. Los alcohólicos no beben porque disfruten de la acción de ingerir, ni los adictos a las compras compran porque disfruten de utilizar sus tarjetas de crédito y acumular más deudas. En cambio, las personas beben o compran porque son adictas a los sentimientos que esos vicios producen cuando participan en su conducta destructiva. A pesar de cuál sea la disfunción, las personas son adictas al modo en que *se sienten* como resultado de su participación en el hábito. Están ligadas a las cosas que les producen placer.[1]

Hubo una época en que yo intentaba ignorar algunas emociones intensas que sentía y que surgían del trauma de mi niñez. No me sentía cómodo con la soledad o con la tristeza. Debido a que me negaba a tratar esas emociones, me encontré entrando y saliendo de relaciones, buscando solaz en una botella de cerveza, o trabajando horas extra para ganarme mi felicidad. Comencé a vivir una vida que era contraria a como yo sabía que Dios quería que yo viviera. Hacer esas cosas me ayudaba a silenciar las voces de soledad en mi cabeza; me ayudaban a distraerme del dolor que sentía. Por eso el Señor nos advierte que guardemos de forma vigilante nuestras emociones. "Nada hay tan engañoso como el corazón. No tiene remedio. ¿Quién puede comprenderlo?" (Jeremías 17:9). Nuestras emociones tienen una poderosa influencia sobre nosotros y pueden desviarnos.

La próxima vez que te encuentres avanzando hacia algo que sabes que es destructivo, hazte la pregunta: "¿Qué estoy sintiendo en este momento? ¿Siento desesperanza, enojo, dolor, resentimiento, o ansiedad?". Si ese es el caso, busca una manera de expresárselo al Señor. Pide ayuda a Dios. Siempre puedes contar con Él. En medio de un mundo emocionalmente turbulento, Él siempre está con nosotros.

Era una noche larga. Mi hija Celina, con sólo diez días de vida, no podía dormir. Yo la sostenía en mis brazos y me mecía lentamente en la silla intentando hacer que se quedara dormida. A las 3:00 de la madrugada, decidí encender la televisión. En medio de un mar de anuncios, descubrí un programa sobre niños que se estaban recuperando del abuso físico. Mientras lo veía, de repente Celina levantó su cabeza durante unos segundos y me miró a los ojos.

Como padre, me resultaba difícil imaginar por qué hay personas que ponen a sus hijos en el camino del daño, y más aún que abusen de ellos. A medida que yo me enfocaba alternativamente en las caras que veía en la pantalla y en la de mi hija, una lágrima comenzó a caer por mi mejilla. Recuerdo decirle a ella en silencio: *Mientras vivas bajo mi tejado, no tendrás que preocuparte por eso.* Aunque mi hija estaba segura, yo entendí que muchos niños sufrirían de abuso, negligencia o abandono. Pero los niños no son las únicas víctimas. Muchos adolescentes y adultos sufren abuso, y como resultado, soportan sentimientos de depresión y suicidio.

Cuando estamos abrumados por sentimientos que nos agobian y nos conducen a hacer cosas que son destructivas, ¿dónde podemos acudir? El Señor nos da una importante verdad en la Biblia. Es un versículo que habla a nuestro corazón cuando buscamos paz. Quizá sea el versículo más importante al que podamos aferrarnos durante nuestro momento de estrés o dificultad emocional: "Depositen en él toda ansiedad, porque él cuida de ustedes" (1 Pedro 5:7).

Podemos llevar nuestros sentimientos al Señor, sin importar cuáles sean. Esa puerta está siempre abierta. Dios nos ama, y quiere ayudarnos. Él entiende el enredo de emoción que sentimos. Cuando te sientas fuera de control, recuerda esta importante verdad: a pesar de si te sientes suicida, deprimido, o lleno de euforia, Dios te entiende y te acepta tal como eres. Como nos dice la Escritura: "Encomienda al SEÑOR tus afanes, y él te sostendrá; no permitirá que el justo caiga" (Salmo 55:22).

Lo que haces. Lo último de que debemos ser conscientes si hemos de escapar del ciclo de conducta destructiva es nuestra conducta. Ser conscientes nos lleva a hacernos cargo, y hacernos cargo nos lleva a la responsabilidad personal. En lugar de culpar a nuestros padres o a nuestros familiares, necesitamos asumir responsabilidad de nuestra conducta y de los resultados de nuestras decisiones. Cuando podemos admitir que las cosas que hacemos son destructivas y son un resultado de nuestras propias elecciones, entonces la mitad de la batalla está ganada. La recuperación aparece en el horizonte.

El doctor meneó su cabeza, quitó el estetoscopio de sus oídos, y quitó el puño de la presión arterial. Dijo: "Bien, Sr. Frenn, necesitamos hacer algo con respecto a esa presión arterial". Ahí estaba yo, los 106 kilos de mí, preguntándome cómo un hombre de veintinueve años de edad podía tener la presión arterial alta. Para empeorar aún más las cosas, mi colesterol se estaba acercando a trescientos. Garantizado: yo era adicto al chocolate. Me encantaba la comida, cualquier tipo de comida, y no hacía casi ejercicio. Aun así, no tenía sentido, pensaba yo.

En la consulta del doctor, enfrenté a la realidad. Yo tenía que admitir que había un problema, y no podía huir de él. No podía ignorar al elefante en la habitación: *yo* era el elefante. Entonces fue cuando decidí hacer algo con respecto al ciclo de destrucción en mi vida. Después de todo, mi papá tuvo un ataque al corazón cuando tenía cincuenta y siete años. Mis dos abuelos murieron de parada cardíaca, uno a la edad de cincuenta y cinco años, y el otro a los cuarenta y nueve. Si yo iba a romper ese amenazador ciclo, tenía que comenzar a trabajar en ello ya. Como la frase que mencioné anteriormente, descubrí mi *porqué*: yo no quería morir antes de mi tiempo. En ese sentido, definitivamente no quería llegar a ser como mi padre ni como mis abuelos.

Entendí que la mayor parte de responsabilidad para cambiar descansaba en mí. Yo tenía que hacerme cargo de mis propios actos; no había nadie más a quien culpar. Mi propia conducta y mis actos habían causado eso en mi cuerpo. Como la Biblia advierte: "No se engañen: de Dios nadie se burla. Cada uno cosecha lo que siembra. El que siembra para agradar a su naturaleza pecaminosa, de esa misma naturaleza cosechará destrucción; el que siembra para agradar al Espíritu, del Espíritu cosechará vida eterna" (Gálatas 6:7–8). ¿Cuántos miles de kilos de comida consumía yo por puro placer? ¿Cuántos años viví en una fantasía?

Por tanto, le pedí al Señor que me ayudara. Sabía que si colaboraba con Dios, Él sería fiel. También sabía que si yo podía arreglármelas para ser fiel, los beneficios serían grandes. La Escritura nos alienta: "No nos cansemos de hacer el bien, porque a su debido tiempo cosecharemos si no nos damos por vencidos" (Gálatas 6:9).

Aquel verano de 1996, los Juegos Olímpicos fueron en Atlanta. Por dos semanas, el equipo olímpico de los Estados Unidos reunió medallas. El velocista Michael Johnson ganó varias medallas de oro con sus "Nike doradas". Johnson tenía aproximadamente mi edad, así que yo veía las repeticiones de sus victorias con interés. Fue entonces cuando me llegó la idea: *Si él puede convertirse en uno de los hombres más rápidos del mundo, ¡yo puedo ponerme en forma!*

Mi prioridad no era perder peso. Perder peso es sólo un indicador de que el cuerpo está en forma. Más bien, mi meta era tener un estilo de vida sano y un cuerpo sano. A fin de alcanzar esa meta, antes tenía que descubrir la fuente del patrón destructivo que yo había desarrollado.

¿Cuál era la raíz de mi problema? Yo no era consciente de lo mucho que consumía cada día. Pensaba: *No como comida basura. No como tanto.* Del mismo modo, podemos no ser conscientes de cuánto dinero gastamos hasta que llega el fin del mes. Por tanto, en lugar de suponer cuánto consumía yo cada día, llevaba un pequeño cuaderno conmigo y comencé a anotar todo lo que comía. Al final del día, sumaba todas las calorías, los gramos de grasa, y el azúcar. No quedé sorprendido por el total, ¡quedé anonadado!

Una vez que fui consciente de lo que estaba haciendo, decidí abordar lo que no estaba haciendo.

Agarré un viejo par de zapatillas de tenis. Me puse la única sudadera que tenía que decía "Just Do It" y el llamativo susurro delante. Aproximadamente a las 7:00 de la mañana cada día, hacía ejercicio durante veinte minutos. Confieso que fue un comienzo doloroso. Estuve convencido durante las dos primeras semanas de que iba a morir de un ataque al corazón. La motivación era difícil. Cada mañana, me levantaba y me sentaba en el borde de la cama. A veces, me quedaba sentado por diez minutos, mirando fijamente al piso, escuchando a mi almohada invitándome a que regresara al País de los Sueños. Aprendí una importante lección durante aquel periodo inicial de ejercicio. La motivación rara vez llega antes de que actuemos. En cambio, llega después de comenzar a actuar. Cuanto más ejercicio hacía, más me sentía motivado a hacerlo.

Después de dos meses, un nuevo hábito comenzó a emerger, un hábito que cambió mi vida para mejor. Consumía menos calorías y corría cinco kilómetros por día. Bajé veintisiete kilos, y me he mantenido sin ellos desde entonces. Eso fue hace más de catorce años. Ahora, cuando entro en la consulta de mi doctor, él simplemente dice: "Cualquier cosa que esté haciendo, Sr. Frenn, sígala haciendo".

Incluyo esta historia porque dondequiera que voy, la

gente quiere saber cómo perdí más del 25 por ciento de mi peso corporal. Quieren saber la fórmula secreta para perder peso y ponerse en forma. Mi respuesta es siempre la misma. No tengo ninguna fórmula. Tengo algo mucho más importante. En mi caso, no fue solamente un deseo de un cambio físico. Yo tenía una necesidad. Era cuestión de vida o muerte. Yo tenía una razón para cambiar, un *porqué*, seguido por un momento de despertar al ver a Michael Johnson en los Juegos Olímpicos.

Sí, tuve que identificar líneas de tentación que yo no cruzaría. Tuve que llegar a ser consciente de mis pensamientos y mis palabras. Tuve que llegar a ser consciente de los sentimientos y qué papel desempeñaban en los patrones alimenticios. Había un patrón histórico que tenía que ser roto, ¡y Dios me ayudó a romperlo!

Amigo, creo que tú eres alguien especial. Dios te ama y se interesa profundamente por ti. Él conoce a cada persona en tu familia que ha batallado, y entiende los deseos de tu corazón de vivir una vida llena de libertad, paz y armonía. Yo he orado por ti, aun antes de que agarraras este libro. Y de las muchas razones por las que escribí este libro, quizá ésta sea la más importante. ¡Creo, sin ninguna duda, que Dios te ayudará a romper los patrones de destrucción que evitan que avances! Dios te ayudará a vencer y dejar atrás las cosas que te retienen.

En este capítulo, hemos examinado los patrones que son transmitidos de generación a generación y el impacto que tienen sobre nosotros. Cristo tiene el poder de ayudarnos a romper esos patrones destructivos que evitan que avancemos. Él vino a liberar a los cautivos. Las tres poderosas claves —una constante transferencia de liderazgo, aprender a manejar la tentación, y ser conscientes de lo que decimos, sentimos y hacemos— nos ayudan a romper el ciclo y prepararnos para caminar en libertad.

Al llegar a la conclusión de este capítulo, me gustaría sugerir que tomes unos momentos para estar a solas con Dios. Confío en que considerarás la siguiente oración como una guía al pedir a Dios que te ayude a romper los patrones destructivos en tu vida:

Querido Señor, gracias por enviar a tu Hijo, Jesús, para romper los patrones de disfunción generacional en mi vida. Quiero romper el ciclo que me mantiene atado. Ayúdame a experimentar tu poder cuando me sienta débil.

Ayúdame a vencer las cadenas que han evitado que avance.

Una vez más, te pido perdón. Sé que no he vivido una vida perfecta; pero en este momento entrego mi corazón a ti. Ayúdame a ver la raíz de mi problema. Ayúdame a entender de dónde surge toda esta confusión. Ayúdame a hacer descarrilar, de una vez por todas, esos patrones destructivos que hay en mí. No quiero transmitir esta locura a mis hijos y a posteriores generaciones; en cambio, quiero comenzar un proceso de bendición para mil generaciones de quienes te aman y guardan tus mandamientos.

Recibo todo lo que tú tienes para mí, y recibo tu poder para reinventarme. Prepara mi corazón para el gran viaje que tú has planeado para mí. Guíame, ayúdame, y lléname de tu amor. Oro en el nombre de Jesús. Amén.

CAPÍTULO 4

Forma buenos hábitos

Ya no quiero seguir estando contigo!". Cuando Rick pronunció esas palabras desde el otro lado de la mesa del restaurante, Evangeline sintió que su mundo se derrumbaba. Después de nueve años de matrimonio, la vida que ella pensaba que era tan segura y hermosa quedó destrozada en un instante. El momento de extraño silencio que siguió a la bomba pareció durar para siempre.

Años antes, Evangeline había sido una estudiante brillante. Había asistido a escuelas cristianas, a universidades cristianas, y todos sus amigos eran cristianos. Se crió siendo la hija de un destacado pastor en una iglesia grande. Además de tener una cálida personalidad y una hermosa sonrisa, su inteligencia estaba a la altura de su profunda compasión por los demás. Ella tenía la capacidad de hacer que cualquiera se sintiera especial e interesante.

Dos años antes de su graduación en la universidad, sin embargo, muchos de sus amigos se trasladaron. Otros amigos comenzaron a enfocarse en sus matrimonios y en tener hijos. Ellos tenían poco tiempo para ella. Su sistema de apoyo comenzó a disminuir y, como resultado, algunas de sus convicciones se fueron debilitando; y antes de que ella se diera cuenta, poner en compromiso sus valores se volvió fácil.

El mismo día en que rompió con su prometido, Evangelina viajó a una conferencia de ventas donde tenía una reunión de negocios con Rick. Quizá fuese el ingenio de él, su encantadora sonrisa, su musculoso cuerpo, o su disposición de muchacho un poco malo, pero varios minutos después de su reunión, ella supo que tenía problemas. La atracción era intensa. Lo que se suponía que era un viaje de negocios se convirtió en un encuentro romántico en Palm Desert. Semanas después, ella se trasladó al apartamento de él, y tras cinco meses, se fugaron a Las Vegas para casarse.

Los padres de ella estaban destrozados. Sus amigos,

asombrados. Todos excepto Evangelina pensaban que ella había perdido su perspectiva. Ella se fue alejando de las convicciones morales que había desarrollado siendo niña; sin embargo, a pesar de todo ello, las semillas de la piedad estaban esperando el momento correcto para volver a brotar.

La crianza de Rick fue completamente diferente. Había vivido un estilo de vida promiscuo desde temprana edad. Durante un tiempo, batalló con las drogas pero finalmente se sobrepuso a su vicio. Se convirtió en un exitoso hombre de negocios, viviendo la vida al máximo y disfrutando de lujosas vacaciones cada año. Externamente, lo tenía todo: un bonito hogar y un armario que haría sentir envidia a cualquier empresario joven. Cuando él y Evangelina se conocieron, este hombre judío de treinta y dos años se había divorciado dos veces y tenía dos hijos de un anterior matrimonio.

Por seis años, la pareja afrontó olas de desafíos, pero siempre se las arreglaban para salir a la superficie. Juntos, tuvieron un hijo maravilloso: Jacob.

El 11 de septiembre de 2001, familias en todo el mundo estaban reunidas para ver las horribles escenas de aviones golpeando contra las torres gemelas. La familia de Rick fue a estar con Evangelina, pero la única persona que faltaba en el grupo era Rick. Él no llegó a casa, lo cual le resultó extraño a Evangelina. Rick había estado distante y parecía estar regularmente preocupado y distraído. Por tanto, ella pensó: *Probablemente no le haya estado prestando bastante atención a mi esposo, en especial ahora que tenemos un niño pequeño. Quizá sea momento de comenzar a tener citas con mi esposo otra vez.* Así que ella marcó el 20 de septiembre en el calendario y le pidió una cita.

La pareja entró en el restaurante poco iluminado y se sentó en una mesa para dos. Después de unos minutos de charla trivial, ella comenzó a experimentar una abrumadora impresión. Tratando de descartarla durante varios minutos, ella finalmente le preguntó si había otra mujer en su vida.

—¿Estás teniendo una aventura?

—No —dijo él, desviando su pregunta con una sonrisa.

En lo profundo de su ser, ella sabía que algo no iba bien. La impresión aumentó. *¡Pregúntale otra vez!* Ella se preguntó si eso fue la voz de Dios, la curiosidad, o simplemente paranoia. Pero reunió el coraje necesario. Levantando su cabeza muy ligeramente, preguntó:

—¿Hay alguien más?

Esa vez, Rick no dio ninguna respuesta.

Los azules ojos de Evangelina se abrieron más.

Tras varios momentos de silencio, una palabra apareció en la boca de él: "Sí".

Después de esa noticia llegó la revelación más desalentadora. Rick no había sido infiel sólo una vez. Durante casi cuatro años, él tuvo varias aventuras amorosas con otras mujeres. Y después de que esa verdad hubiera sido revelada, Rick dijo:

—Ya no quiero estar más contigo. No quiero estar casado. Estoy harto. ¡Hasta aquí!

De modo similar a los catastróficos eventos que Evangeline había visto en televisión nueve días antes, el 11 de septiembre de 2001, su propio mundo se desmoronaba.

Hasta ese punto, Rick había justificado sus actos. Cuando Evangeline enfocó su atención en su hijo, Rick se sintió descuidado. Pensaba: *Yo también tengo necesidades. Ella ya nunca me deja notas en mi taza de café, apenas me besa en público o me agarra la mano.* Él sabía que ella era una buena madre, pero él se iba a trabajar, ganaba el dinero, y buscaba aventura. Mientras él pudo mantener esa parte de su vida separada y oculta, no hubo conflicto en su mente.

Cuando la pareja llegó a casa aquella noche, Evangelina desapareció metiéndose en su cuarto y comenzó desesperadamente a examinar su alma. Durante una década, ella había vivido como había querido, y resultó ser desastroso. Se preguntó: *¿Voy a perderlo todo: mi hijo, mi casa, mi matrimonio, mi vida?* Su mundo era un desastre, pero ella sabía que Dios era el único que tenía el poder de enderezar su vida. Llamó a su padre, y juntos oraron. Cayendo de rodillas, ella clamó a Dios y volvió a entregar su vida al Señor otra vez. Su compromiso no fue a medias, sino inmediato y genuino. Y Dios oyó su clamor.

Ella también se comprometió a encontrar una iglesia, porque sabía que necesitaba el apoyo de otros. Tres días después, entró en una iglesia local. Como hija de pastor, ella nunca se sentaba en el frente, pero aquella vez era diferente. Tomó un asiento en la primera fila, y el pastor comenzó a compartir un mensaje oportuno: "Cómo encontrar la fortaleza para seguir adelante". Cada palabra que el pastor decía se abrió paso hasta el corazón de ella. Corrieron lágrimas por su cara durante todo el mensaje.

Además, Dios le estaba hablando, y el mensaje era alto y claro: Dios la amaba. Se interesaba por ella. Le había perdonado y quería darle la fortaleza para reconstruir su destrozada vida. Ella ya no tenía que vivir exclusivamente bajo su propio poder; en cambio, podría escoger aceptar el poder de Dios para reinventarse. Su primer suspiro de alivio llegó durante el mensaje aquel día. Ella sabía que Dios iba a ocuparse de ella. Aunque su vida aparentemente estaba fuera de control. Dios lo tenía todo bajo control.

Evangeline no estaba segura de qué hacer con respecto a su matrimonio roto. Una cosa estaba clara, sin embargo. Tenía que trabajar en su relación con Dios. Ese era el punto de comienzo. Cuando su relación con Dios fuese fuerte, los siguientes pasos para su matrimonio se aclararían.

En un principio, Rick pensó que el nuevo compromiso de ella con Dios era una estratagema para evitar que él se fuese. Pero cuando las semanas se convirtieron en meses, él no pudo descartar el dinámico cambio que había en la vida de ella. En noviembre de 2001, Rick se acercó a Evangeline y dijo:

—He puesto fin a mi relación con la otra persona.

Él le reveló que quería reconciliarse con ella.

—Me quedaré contigo —dijo ella— bajo dos condiciones. Primera, no habrá más conducta inapropiada. Si hay algún indicio de cualquier cosa, tomaré a nuestro hijo y me iré.

Como la mayoría de los padres, Evangeline no quería transmitir a su hijo los errores que ella había cometido, así que le puso a Rick la segunda condición.

—Voy a criar a nuestro hijo como creyente en

Cristo. Si puedes aceptar estas dos condiciones, me quedaré en este matrimonio.

Rick estuvo de acuerdo.

Durante tres largos años, Evangeline caminó la milla extra. Mostró un maravilloso testimonio del amor de Dios a su esposo, y tomó una decisión deliberada de perdonarlo. Muchas veces, ella esperaba en la cama hasta que él se quedaba dormido, y entonces bajaba al piso de abajo y lloraba por horas. Oraba muchas veces, pidiendo a Dios que alcanzase a su esposo y le diese a ella la fortaleza para sobreponerse al dolor. En las primeras horas de la madrugada, ella volvía a meterse en la cama para que cuando él se despertase nunca supiera que ella no había estado. Cada mañana, Rick descubría una nota de amor en su taza de café.

En enero de 2002, Evangeline y su hijo, Jacob, se estaban preparando para ir a la iglesia la noche del sábado. Rick entró en el dormitorio y preguntó:

—¿Te importa si voy con ustedes a la iglesia esta noche?

—Claro —respondió ella de inmediato—; eres bienvenido.

Él se sorprendió al descubrir que la música era bonita y que la gente era amigable. El mensaje fue desafiante y a la vez práctico. Desde esa semana en adelante, él comenzó a asistir a la iglesia regularmente.

La pareja también se reunía con un grupo pequeño cada semana. Al principio, Rick era escéptico, pero cuantas más preguntas hacía, más descubría que sus suposiciones habían sido erróneas. Fervientemente buscaba respuestas a preguntas como: *¿Existe Dios? ¿Hay una eternidad?* Y llegó a la conclusión en su propio corazón de que ciertamente Dios existía. Eso finalmente le guió a la decisión más importante de su vida. El Viernes Santo de 2005, en su iglesia, Rick entregó su corazón a Cristo y le pidió que fuese Señor de su vida. Ese fue el día en que Evangeline sintió que su corazón herido había sido sanado.

La conversión de Rick fue radical; fue bautizado al mes siguiente y comenzó a asistir a un grupo de estudio bíblico para hombres que se reunía semanalmente. En la actualidad, él es un líder en su iglesia, hace varios viajes misioneros al año, y juntos, él y Evangeline son anfitriones de un grupo de hogar en su casa. Su relación con su esposa y su hijo nunca ha sido mejor. Y lo más importante, él ha sido *radicalmente transformado por el poder de Dios.* Su transformación siguió el cambio que vio en su esposa. Ver cómo Dios sanó el dolor y el sufrimiento de ella abrió la puerta de salvación para él.

Evangeline y Rick encontraron el poder para reinventarse. Evangeline tomó la mano de Dios en medio de una violenta tormenta. Cuando parecía que no había esperanza alguna, ella cayó de rodillas y tomó del poder de Él, el *único* poder que verdaderamente puede cambiar corazones. Ella comprendió los errores que había cometido y decidió entregar su vida a Dios. Aceptó la perspectiva de Dios y extendió el perdón de Él a Rick. Entonces buscó un sistema de apoyo para ayudarle a mantenerse en el curso correcto. Similarmente, Rick reconoció que la vida que estaba viviendo era desastrosa, e hizo a Cristo Señor de su vida. Rick ha experimentado una poderosa transformación por la renovación de su mente. Él pasa tiempo estudiando la Escritura, teniendo compañerismo con personas de una fe similar, y orando. Ha formado un maravilloso grupo de buenos amigos para ayudarle a evitar que se desvíe del camino. Todas esas son cosas que Dios utiliza para transformarnos.

Hasta este punto, hemos estudiado los pasos iniciales al experimentar el poder de Dios para cambiar. El proceso comienza con una razón legítima —nuestro *porqué*— que nos motiva a hacer algo en cuanto a cambiar nuestra vida. Cuando sentimos la necesidad de cambio, descubrimos que una relación con Dios cambia nuestras percepciones. Entonces trabajamos con Dios para enfocarnos en lo que nos retiene y para romper esos patrones de destrucción.

En este capítulo, hablaremos de formar buenos hábitos que inevitablemente producen una increíble bendición, significado y propósito en nuestra vida. Cuando pongas en práctica los principios que se encuentran en este capítulo, experimentarás todo un nuevo nivel de libertad. Confío en que estés preparado para ver poderosos resultados en tu vida. Si ese es el caso, pongamos el fundamento para establecer buenos patrones que nos conducen a la victoria.

CAMBIA TU MENTALIDAD Y CAMBIA TU DESTINO

Quiénes somos y en lo que nos convertimos queda en gran parte determinado por nuestro modo de pensar. Cuando pensamos pensamientos piadosos, podemos caminar en las bendiciones de Dios. Cuando pensamos pensamientos impíos, caminamos en destrucción. A muchas personas les han dicho que no sirven para ningún buen propósito, que nunca llegarán a nada, o que nunca tendrán una vida exitosa; y ellas lo creen. Esa es una manera de pensar impía. ¿Por qué? Dios no quiere que creamos algo sobre nosotros mismos que no es verdad. Si queremos ver el poder de Dios desatado en nuestra vida, necesitamos transformar nuestro modo de pensar y tomar la mente de Cristo.

Tener la mente de Cristo simplemente significa que hacemos de los pensamientos de Él nuestros pensamientos. En lugar de permitir que los medios de comunicación, una campaña publicitaria, una empresa, nuestra familia, amigos, u otros influencien nuestro modo de pensar, pensamos de la manera en que Cristo piensa. Hacer eso da forma a nuestro destino. ¿Por qué es esto tan importante? Porque cuando pensamos del modo en que Dios quiere que pensemos, tenemos un claro entendimiento de su buena, agradable y perfecta voluntad. El apóstol Pablo nos insta a abandonar nuestras viejas maneras de pensar: "No se amolden al mundo actual, sino sean transformados mediante la renovación de su mente. Así podrán comprobar cuál es la voluntad de Dios, buena, agradable y perfecta" (Romanos 12:2).

En todos los lugares donde viajo, pregunto a personas: "¿Cuál es la voluntad de Dios para su vida?". Muchas responden: "Mire, realmente no tengo idea". ¿A qué se debe eso? A que ellos se siguen conformando al patrón destructivo de este mundo. No han sido transformados por la renovación de su mente. Su mentalidad sigue estando nublada. Su mente está empantanada en muchas ideas contrarias, y parece que no pueden descifrar la dirección de Dios.

La mayoría de nosotros afrontamos una sobrecarga de estímulos. Cada día, miles de imágenes y de mensajes bombardean nuestra mente. Llegan a nosotros mediante los medios de comunicación, el Internet, los políticos, aseguradoras, jefes, maestros, amigos y familia. Muchas de esas fuentes demandan nuestra atención e insisten en que ellos son los expertos en la vida. Nuestro desafío es filtrar lo piadoso de lo impío, lo sano de lo destructivo. A menos que cambiemos nuestra mentalidad, la tarea de descubrir lo que deberíamos hacer, dónde deberíamos ir, o cómo deberíamos llegar ahí será difícil.

TU ENEMIGO NÚMERO UNO

La Biblia dice: "La mentalidad pecaminosa es muerte, mientras que la mentalidad que proviene del Espíritu es vida y paz. La mentalidad pecaminosa es enemiga de Dios, pues no se somete a la ley de Dios, ni es capaz de hacerlo" (Romanos 8:6–7).

El mayor enemigo al que nos enfrentamos no es la persona que nos trata mal, que se interpone en nuestro camino, o que difunde mentiras sobre nosotros. No es una creencia religiosa errónea, un corrupto sistema económico, o una injusta ideología política. Ni siquiera es Satanás. El mayor enemigo al que nos enfrentamos es el patrón de pensamientos destructivos que permitimos que halle una morada permanente en nuestra mente. En lugar de levantarnos, nos derriban. En lugar de inspirarnos, nos empujan hacia la depresión. En lugar de guiarnos a la libertad, nos conducen a la tentación. En lugar de darnos paz y esperanza, nos hacen sentirnos ansiosos e indefensos. Aunque Satanás puede que sea nuestro mayor adversario, los pensamientos que entretenemos tienen un impacto aún mayor en nuestra vida.

¿Cuáles son algunos de los pensamientos destructivos que entretienes? ¿Son crueles? ¿Son negativos? ¿Ponen expectativas irrazonables de ti mismo? En uno u otro momento, ¿has permitido que alguno de los siguientes pensamientos te influencie?

Pensamientos impíos

- *Eso fue muy estúpido. Nunca debería haber dicho eso.*
- *¡Soy un idiota! ¿Por qué nunca puedo llegar a tiempo?*
- *Yo no soy tan inteligente como los demás. Todos creen que soy tonto.*

- *Mis caderas son inmensas. Me siento gordo.*
- *Mi cabello es un desastre total.*
- *¿Podría llegar a estar más chiflado?*
- *Si pierdo mi empleo, viviré en la calle.*
- *A nadie realmente le importo.*
- *Mi corazón está acelerado; ¡creo que voy a tener un ataque al corazón!*
- *Nadie me quiere.*
- *Realmente necesito un arreglo.*
- *Al mirarme al espejo, es obvio que estoy envejeciendo.*
- *La vida está fuera de control; ¡podría hacer uso de una buena bebida fuerte!*
- *Si realmente me conocieran, no les gustaría.*
- *Mis mejores días han quedado a mis espaldas.*
- *Dios debe de estar harto de todos mis errores.*
- *La única razón de que mi esposo/esposa siga estando conmigo es que él/ella también es gordo.*

En lugar de permitir que esos patrones de pensamiento destructivos influencien nuestra conducta, podemos escoger implementar varios hábitos poderosos que nos conducirán a sanas maneras de pensar. En

Hechos 2, los discípulos adoptaron tres prácticas que les ayudaron a atravesar tiempos difíciles. "Se mantenían firmes en la enseñanza de los apóstoles, en la comunión, en el partimiento del pan y en la oración" (Hechos 2:42).

Cuando la Iglesia primitiva hizo explosión en el Nuevo Testamento, personas en todas partes experimentaban poderosas transformaciones. ¿Qué les guió en su crecimiento? En primer lugar, ellos pasaban tiempo aprendiendo de la enseñanza bíblica de los apóstoles, la cual renovaba sus mentes. En segundo lugar, pasaban tiempo en comunión, alentándose unos a otros en la fe. En tercer lugar, pasaban tiempo con Dios en oración.

Cuando apliquemos estas tres prácticas a nuestra vida, descubriremos un mapa de ruta para experimentar la dinámica transformación que buscamos.

PRÁCTICAS PIADOSAS QUE CONDUCEN A LA TRANSFORMACIÓN

1. Pasa tiempo en la Palabra de Dios

Leer y meditar la Palabra de Dios, que es el primero de los buenos hábitos, nos ayuda a formar una sana imagen mental de quién es Dios, nos enseña la diferencia entre la piedad y la impiedad, invalida los patrones

corruptos que han evitado que experimentemos libertad, e inicia poderosos cambios en nuestra mente.
Como nos dice la Escritura: "De hecho, todo lo que se
escribió en el pasado se escribió para enseñarnos, a fin
de que, alentados por las Escrituras, perseveremos en
mantener nuestra esperanza" (Romanos 15:4).

A fin de renovar nuestra mente y experimentar el
poder para reinventarnos, necesitamos sustituir nuestras viejas maneras de pensar por otras buenas y piadosas. La buena noticia es que las enseñanzas de los
apóstoles, entre muchas otras, están a nuestra disposición en la Biblia. Es una excelente fuente de buenos
patrones de pensamiento.

Considera los siguientes ejemplos y sus referencias
en la Escritura como una manera alternativa de pensar a la anterior lista de pensamientos impíos. Susti-
tuye cada expresión en la primera lista por los buenos
pensamientos que siguen.

Buenos pensamientos

- *Puede que eso no haya sido lo mejor que
  podía decir, pero me aseguraré de responder
  más adecuadamente en el futuro. Dios me
  dará su sabiduría.* "Si a alguno de ustedes
  le falta sabiduría, pídasela a Dios, y él se la

dará, pues Dios da a todos generosamente sin menospreciar a nadie" (Santiago 1:5).

- *Aunque no llegué a tiempo, mi vida es una obra en progreso.* "El que los llama es fiel, y así lo hará" (1 Tesalonicenses 5:24).

- *No soy tonto. Si no entiendo algo, está bien, mientras continúe buscando la verdad.* "Porque el SEÑOR da la sabiduría; conocimiento y ciencia brotan de sus labios" (Proverbios 2:6).

- *El Señor quiere que me ocupe de mi cuerpo, pero me sigue amando tal como soy. Él me capacita para resistir la tentación.* "Y no nos dejes caer en tentación, sino líbranos del maligno" (Mateo 6:13).

- *Todo el mundo tiene un mal día. Además, Dios me ha visto en mi peor momento y me sigue amando.* "SEÑOR, tú me examinas, tú me conoces. Sabes cuándo me siento y cuándo me levanto; aun a la distancia me lees el pensamiento. Mis trajines y descansos los conoces; todos mis caminos te son familiares. No me llega aún la palabra a la lengua cuando tú, SEÑOR, ya la sabes toda" (Salmo 139:1–4).

- *Dios dice que yo valgo mucho.* "Cuídame como a la niña de tus ojos; escóndeme, bajo la sombra de tus alas" (Salmo 17:8).

- *La Biblia dice que ni un pajarillo cae a tierra aparte de la voluntad del Padre.* "Por eso les digo: No se preocupen por su vida, qué comerán o beberán; ni por su cuerpo, cómo se vestirán. ¿No tiene la vida más valor que la comida, y el cuerpo más que la ropa? Fíjense en las aves del cielo: no siembran ni cosechan ni almacenan en graneros; sin embargo, el Padre celestial las alimenta. ¿No valen ustedes mucho más que ellas?" (Mateo 6:25–26).

- *Dios se interesa por mí. Tengo amigos y familia que se interesan.* "Tu protección me envuelve por completo; me cubres con la palma de tu mano. Conocimiento tan maravilloso rebasa mi comprensión; tan sublime es que no puedo entenderlo" (Salmo 139:5–6).

- *La mayoría de las personas tienen temor a cosas que nunca suceden. El Señor me ayudará en mi momento de ansiedad.* "No se inquieten por nada; más bien, en toda ocasión, con oración y ruego, presenten sus

peticiones a Dios y denle gracias"
(Filipenses 4:6).

- *Dios me ama.* "Sin embargo, por el amor
  que el SEÑOR tu Dios siente por ti. . . cambió
  la maldición en bendición" (Deuteronomio
  23:5).

- *Dios me ve como su hijo.* "Todos ustedes
  son hijos de Dios mediante la fe en Cristo
  Jesús" (Gálatas 3:26).

- *Dios tiene todo bajo control, y Él dijo que
  se ocuparía de mis necesidades.* "Ahora
  bien, sabemos que Dios dispone todas las
  cosas para el bien de quienes lo aman, los
  que han sido llamados de acuerdo con su
  propósito" (Romanos 8:28).

- *Las personas que me conocen, se interesan
  por mí.* "Queridos hermanos, ya que
  Dios nos ha amado así, también nosotros
  debemos amarnos los unos a los otros"
  (1 Juan 4:11).

- *Compromiso y amor van mucho más allá de
  las apariencias. Además, para Dios, todas
  las cosas son posibles. Puedo trabajar con
  diligencia para cambiar cualquier aspecto
  de mi vida.* "Para los hombres es imposible

—aclaró Jesús, mirándolos fijamente—, pero no para Dios; de hecho, para Dios todo es posible" (Marcos 10:27).

- *Dios dice que mientras yo obedezca y guarde sus mandamientos, continuaré caminando en sus bendiciones.* "Si realmente escuchas al SEÑOR tu Dios, y cumples fielmente todos estos mandamientos que hoy te ordeno, el SEÑOR tu Dios te pondrá por encima de todas las naciones de la tierra. Si obedeces al SEÑOR tu Dios, todas estas bendiciones vendrán sobre ti y te acompañarán siempre" (Deuteronomio 28:1–2).

- *La misericordia y el perdón de Dios son infinitos.* "Den gracias al SEÑOR omnipotente; su gran amor perdura para siempre. Al único que hace grandes maravillas; su gran amor perdura para siempre" (Salmo 136:3–4).

- *Dios quiere que yo tenga un matrimonio sano y con temor de Dios. Nuestro compromiso es mucho más profundo que el aspecto físico.* "Engañoso es el encanto y pasajera la belleza; la mujer que teme al SEÑOR es digna de alabanza" (Proverbios 31:30).

Cuando miramos las dos listas bosquejadas anteriormente, el contraste es como el día y la noche. Una representa lo que Satanás quiere que pienses. La otra representa lo que Dios quiere que pienses. Hay, en esencia, una guerra entre dos reinos.

Pablo entendía que la guerra se libra no en un lugar físico sino en nuestras mentes. El reino de Dios y el reino de Satanás hacen guerra veinticuatro horas al día, siete días a la semana, por los pensamientos que hay en nuestra mente.

Si permitimos que pensamientos impíos corran desbocados, viviremos vidas destructivas plagadas de los patrones que nos mantienen atados. Si somos transformados por la renovación de nuestra mente, entonces viviremos vidas piadosas y bendecidas, y la presencia del reino de Dios será evidente en nosotros. Una vez más, quiénes somos y lo que hacemos está determinado por nuestro modo de pensar. Por tanto, ¿cómo somos transformados por la renovación de nuestra mente?

Nos volvemos piadosos en nuestra manera de pensar llevando cada pensamiento a la obediencia a Cristo. "Las armas con que luchamos no son del mundo, sino que tienen el poder divino para derribar fortalezas. Destruimos argumentos y toda altivez que se levanta contra el conocimiento de Dios, y llevamos cautivo todo pensamiento para que se someta a Cristo" (2 Corintios 10:4–5). Juzgamos todo pensamiento según lo que la Palabra define como bueno y aceptable. Por eso leer y meditar la Escritura es imperativo, porque nos ayuda a formar nuevos y piadosos pensamientos.

Cargamos nuestras camionetas con cuarenta toneladas de equipo para cruzadas e hicimos el viaje de cinco horas hasta una de las comunidades más remotas del país. A fin de ahorrarnos algún tiempo de viaje, decidimos cruzar a la península en ferry. Al acercarnos a la costa, una lluvia torrencial cayó sobre la ciudad. Dejó más de nueve centímetros de lluvia en una hora y media.

Cuando llegamos al lugar de la cruzada, el barro tenía casi veinte centímetros de espesor. Nuestro bien entrenado equipo, junto con cincuenta voluntarios de iglesias locales, soportaron una temperatura de treinta y dos grados y comenzaron a trabajar. En seis horas, el escenario, el sonido, las luces y las sillas estaban preparados.

Situada detrás de nuestra plataforma estaba una de las estaciones de radio más potentes en la provincia norteña del país. Su antena, de más de quince pisos de altura, era el trasfondo de lo que sería un memorable evento de cuatro días. A las 7:00 de la tarde comenzó la campaña en la ciudad, con una asistencia de tres mil personas.

Teníamos un maravilloso grupo musical que viajaba con nosotros. Los setenta mil vatios de potencia de nuestro sistema de sonido ayudaron a llevar su música hasta varios bloques en la ciudad. Yo no tenía idea de que se estaba fraguando un problema que casi haría descarrilar mi capacidad de llegar a alguien especial.

Entre canción y canción, notamos un débil sonido de música que salía por nuestros altavoces. Al principio yo pensé que uno de los ingenieros de sonido estaba jugando con el reproductor de CD. Si ese hubiera sido el caso, podríamos haber resuelto el problema fácilmente. No tuvimos esa suerte. Finalmente, uno de nuestros coordinadores descubrió la fuente de esa música intrusiva: ¡la estación de radio que estaba detrás de nuestra plataforma! A las 7:00 de la tarde, la estación elevó su señal a fin de alcanzar a una mayor audiencia. Nuestros altavoces agarraron su frecuencia y la lanzaron.

Mientras la banda estaba tocando, nadie podía oírlo; pero finalmente yo agarré el micrófono y tuve que defenderme solo. En efecto, en cuanto comencé a predicar, un clásico de la música rock, "Hotel California", estaba en las ondas. La popular melodía era una alegoría sobre estar atrapado en el infierno. Sin dudar, le hice señas al teclista para que regresara a la plataforma y tocara algo; cualquier cosa. En cuanto encendió su Yamaha, comenzó a tocar "Señor, te doy mi corazón".

Oír dos canciones simultáneamente distraía terriblemente. Varios de los ujieres miraban como si se acabaran de tragar la cáscara de un limón. Quizá debido a que nuestro talentoso teclista no pudo manejar la disonancia, finalmente dejó de tocar el canto de adoración y se unió a la melodía de "Hotel California".

Por un momento, yo pensé que me estaba volviendo loco.

Estaba tan frustrado y enojado por la inoportuna música que mis viejas maneras de pensar me distrajeron de mi verdadera misión. Gracias a Dios que ninguna tormenta dura para siempre, ni siquiera la tormenta perfecta. Finalmente, uno de nuestros técnicos fue a la estación de radio y explicó lo que estaba sucediendo. Ellos amablemente hicieron los ajustes necesarios, y varios minutos después el problema quedó resuelto. Desgraciadamente, yo seguía estando aturdido, hasta el punto de no poder pensar con claridad.

Fue entonces cuando Victoria apareció desde el fondo de la multitud. La hermosa muchacha había estado caminando por la calle y había oído el mensaje mezclado con una colorida mezcla de música. Se detuvo durante unos momentos antes de entrar. No tengo idea de lo que yo dije aquella noche, pero algo le llamó la atención. Cuando yo hice la invitación a que la gente comenzase una relación con Dios, ella levantó su mano y pasó al frente.

Recuerdo mirar desde el escenario y verla a ella allí de pie sola. Me miró a los ojos mientras le caían lágrimas por sus mejillas. Hasta ese momento, yo había estado un poco desconectado, aún tratando de recuperarme del fiasco musical. Cuando vi la expresión de ella, todo cambió. Una de las ujieres en la cruzada estaba detrás de ella. Le indiqué que se acercase a Victoria y descubriese si algo iba mal. Ciertamente, así era.

Ella comenzó a conversar con la obrera, quien entonces me pidió que hablase con ella. Cuando me bajé de la plataforma, el barro casi me saca los zapatos de mis pies. Encontré un punto sólido donde situarme, y fue entonces cuando Victoria comenzó a relatarme su historia. Me dijo:

—Jason, vine aquí porque usted dijo que Cristo podía libertar a los cautivos, que Él podía romper cualquier cadena y darme la libertad que sólo he soñado con tener. Bien, he estado viviendo encadenada por diez años. Quiero saber si lo que usted dijo es realmente cierto. ¿Puede liberarme Jesús?

—Claro que sí —respondí yo—. ¿De qué necesitas ser liberada?

—Hace diez años —dijo Victoria— un familiar me violó varias veces. Desde esa época terrible en mi vida, estoy atormentada cada vez que me voy a la cama. Casi cada mañana, las puertas de mi armario se abren de repente, y diferentes objetos comienzan a levitar. En varias ocasiones, las sábanas de mi cama han flotado sobre mi cuerpo. No importa lo mucho que yo lo intente, no puedo hacer cesar las voces que en mi cabeza me dicen que me suicide. Así que le pregunto otra vez: ¿cree de verdad que Cristo puede liberarme?

Aunque en lo profundo de mi corazón me dolía por aquella joven, hice todo lo que pude por mantener mi compostura. De inmediato respondí: "Claro que sí".

Por más de diez años, el enemigo había forjado patrones de pensamiento de autodestrucción en su mente. Los ataques espirituales eran abrumadores, y la presión era mucho mayor de la que nunca nadie debería haber tenido que soportar. Muchas de las cosas que Victoria pensaba de sí misma tenía que aprenderlas de nuevo. Los hábitos tenían que ser eliminados y tenían que establecerse otros nuevos. Eso es precisamente lo que nos propusimos hacer.

Les pedí a dos de nuestras consejeras que me ayudasen a orar por Victoria. Cada una puso una de sus manos sobre los hombros de ella, y comenzamos a orar. Le pedí al Señor que la liberase y pusiese su mano en la vida de ella. Oré para que Él rompiese sus cadenas y renovase su mente. Ella simplemente se cubrió los ojos y lloraba. A pesar de diez años de dolor acumulado, el Señor había salido a su encuentro en un humilde lugar en el extremo del país para ayudarla a experimentar verdadera libertad. Después de orar, le dije a una de las consejeras que abrazase a Victoria hasta que ella ya no necesitara que alguien la abrazase.

Cuando la primera noche llegó a su conclusión, la consejera se sentó con Victoria y le instó a poner en práctica varios principios transformadores. Le dio una lista de pasajes de la Escritura para que los leyera cada día para ayudarle a renovar su confusa mente. Le instó a que encontrase una iglesia; hizo hincapié en la importancia de pasar tiempo cada día con el Señor en oración.

Cada noche durante la campaña, Victoria acudía y escuchaba. Durante la última noche, ella se acercó a la plataforma y me hizo una seña de que quería hablar conmigo. Me dijo:

—Desde que oramos, no he tenido problemas para dormir. He estado leyendo esos pasajes cada día, y siempre que me siento ansiosa, los leo otra vez. Ya no oigo esas voces diabólicas de suicidio en mi cabeza. ¡Ya no ha habido ningún suceso extraño en la madrugada!

—Eso es maravilloso —dije yo.

—Pero —siguió ella— tengo miedo a que todo vuelva a ser como era. ¿Quiere orar una vez más? Por favor, ore para que la transformación que he experimentado se quede conmigo para bien.

Abrumado de compasión, le dije:

—Victoria, sería un honor para mí.

Oramos para que el Señor terminara la obra que Él había comenzado en ella. Es una promesa con la que todos podemos contar. Dios termina la obra que Él comienza en nosotros (Filipenses 1:6).

Cuando terminamos de orar, le pregunté:

—¿Te gustaría que una de nuestras consejeras te acompañara a casa?

—No, gracias —dijo ella—. En realidad, me voy a la parada del autobús para regresar a casa.

—¿Casa? —le pregunté—. ¿Quién te trajo a este evento?

—Nadie —respondió ella—. No soy de aquí. Vivo en el otro extremo del país.

—¿Y cómo te enteraste de este evento? —le pregunté.

—Estoy aquí de vacaciones —dijo ella—. Iba caminando por la calle y alguien me dio este folleto —sacó un papel arrugado—. Y vi las palabras 'Hay esperanza en Jesús'. Sabía que necesitaba ayuda. Necesitaba el poder para cambiar. Necesitaba que alguien me liberase. Así es como terminé aquí.

Una de nuestras consejeras acompañó a Victoria hasta la parada del autobús y la vio subir. Bajo su brazo llevaba un Nuevo Testamento que había recibido de nosotros junto con una lista de versículos que la ayudaron a ser transformada por la renovación de su mente.

2. Pasa tiempo en comunión

El segundo hábito piadoso es reunirse regularmente con otros que tengan las mismas convicciones espirituales que nosotros. Participar en la adoración colectiva es bíblico y necesario para nuestro crecimiento. La Biblia dice: "No dejemos de congregarnos, como acostumbran hacerlo algunos, sino animémonos unos a otros, y con mayor razón ahora que vemos que aquel día se acerca" (Hebreos 10:25). El escritor de Hebreos entendía la importancia de la adoración colectiva para el desarrollo espiritual del creyente. Por eso expresó su preocupación de que muchas personas ya no se estuvieran reuniendo regularmente. En la actualidad, parece que nos enfrentamos a un problema parecido.

En 1990 comencé en el ministerio como conferencista misionero itinerante en iglesias por todo el país. Desde aquel tiempo, he notado una tendencia descendente en la asistencia a la iglesia. Con eso quiero decir que menos personas están en la iglesia semanalmente, y las iglesias tienen menos servicios cada semana, concretamente la noche del domingo.[1] Por todas las indicaciones, no se espera que esta tendencia cambie en el futuro cercano. [2]

¿Por qué hay cada vez menos personas que asisten a los servicios de adoración cada semana? La principal razón parece ser la falta de interés. Cuando le pregunto a la gente por qué no asisten a la iglesia un domingo dado, muchos dicen que no sienten que sacan nada de esa experiencia. No sienten que sus necesidades sean satisfechas; para ellos, no vale la pena el esfuerzo.

Otra razón puede ser que los horarios de las personas son más complicados que nunca. Gran parte de su trabajo gira en torno al domingo. Los negocios abren siete días por semana con más horas cada día. Las personas están constantemente intentando ponerse al día, y el domingo es el único día que ofrece la flexibilidad de recuperar terreno perdido. Y algunas personas creen que asistir a la iglesia les quita el único rato que tienen para pasarlo con su familia.

¿Qué relevancia tiene esta tendencia en nuestra capacidad de experimentar el poder de Dios para reinventarnos? Las probabilidades son que, con el tiempo, seamos tentados a reducir nuestra participación en la iglesia local. Esto es potencialmente peligroso para nuestra salud espiritual y la salud espiritual de nuestras familias. Inevitablemente, una reducción en la asistencia a la iglesia conduce a un menor interés en las cosas piadosas. Cuando hay menos interés en las cosas piadosas, enseguida se establecen patrones de destrucción. Entonces nos encontramos otra vez al comienzo del proceso, necesitando ayuda y clamando por libertad de las ataduras que evitan que avancemos.

No estoy diciendo que la asistencia a la iglesia sea un fin en sí mismo, pero es una parte vital del proceso de experimentar verdadera libertad. Es un buen hábito, uno que el Señor dice que deberíamos practicar semanalmente. "Acuérdate del sábado, para consagrarlo" (Éxodo 20:8). Estar en la iglesia nos da la oportunidad de experimentar la presencia de Dios y estar rodeados de otros que nos inspirarán y nos edificarán espiritualmente. Tiene inmensurables beneficios para nuestras vidas.

Asistir fielmente a la iglesia nos ayuda a permanecer conectados con otras personas que comparten nuestra fe, donde hay protección y bendición. Cuando nos apartamos de otros, corremos el riesgo de desviarnos del camino para la transformación. "Ahora bien, ustedes son el cuerpo de Cristo, y cada uno es miembro de ese cuerpo" (1 Corintios 12:27).

Participar en un grupo para rendir cuentas no es lo mismo que asistir a la iglesia. Asistir a la iglesia nos incorpora a un grupo más grande de creyentes. Los grupos de responsabilidad están formados para los miembros de ese grupo en particular. Hablaré con más profundidad de la función de un grupo de amigos de confianza en el capítulo 6.

Por tanto, ¿cuáles son algunos de los beneficios de reunirse cada semana con otros creyentes? En primer lugar, estar en la iglesia regularmente es un mandato bíblico y contribuye a nuestra salud espiritual. Al reunirnos, aprendemos a adorar, orar, y estudiar las Escrituras guiados por quienes son más maduros en el Señor (Hebreos 13:17). Esto evita que nos apartemos del fundamento de la sana doctrina. También evita que hagamos interpretaciones místicas de la Escritura y basemos nuestra teología únicamente en nuestra propia experiencia.

En segundo lugar, estar en la iglesia regularmente tiene un impacto positivo en nuestra capacidad de estar sanos físicamente y emocionalmente. Claudia Wallis escribió un artículo muy perspicaz que señalaba a estudios que indicaban que las personas que asisten a la iglesia tienen la presión arterial más baja, y tienen mayor probabilidad de recuperarse tras una cirugía, son menos propensas a desarrollar enfermedades coronarias y menos propensas a deprimirse.[3] El índice de suicidio entre personas que no asisten a la iglesia es cuatro veces más alto que entre quienes asisten regularmente a la iglesia. A la luz de esos descubrimientos, la asistencia a la iglesia puede literalmente salvarnos la vida.

En tercer lugar, en una iglesia sana, las personas son desafiadas a convertirse en parte de una misión que es mayor que sus propios planes personales. El núcleo de la misión de la iglesia es alcanzar a quienes necesitan las Buenas Nuevas, la proclamación del evangelio. A fin de completar una tarea tan abrumadora, necesitamos ser parte de un equipo grande de creyentes. La tarea de compartir el evangelio con un mundo que necesita a Dios desesperadamente es un mandato universal para todos los creyentes, y demanda que trabajemos juntos (Marcos 16:15–16).

Además, parte de la misión de la iglesia es ayudar a

las personas con sus necesidades físicas básicas. Por esa razón, iglesias, tanto protestantes como católicas, construyen hospitales, universidades, bancos de alimentos, orfanatos, y escuelas en todo el mundo. Estar relacionado con un grupo local de creyentes nos ayuda a cumplir esta parte de la misión. Estar conectado con un cuerpo local de creyentes aumenta en gran medida nuestra eficacia para alcanzar al mundo espiritualmente y físicamente.

A la luz de estos tres poderosos beneficios, considera hacer una prioridad de tu participación en una iglesia local. Hacerlo creará uno de los tres buenos hábitos que te ayudarán a romper los patrones que evitaron que avanzases en la dirección que Dios quiere que sigas.

El corazón de la iglesia. Muchas veces pensamos en la iglesia como un lugar físico con una aguja, bancos, órgano, púlpito y un lugar para el coro. En vez de definir la iglesia como un lugar físico donde la gente se reúne, me gustaría darte otra imagen. La iglesia es un grupo de personas que se reúnen regularmente para adorar, orar, y estudiar la Biblia. Una de sus funciones principales es dar guía espiritual, de modo que quienes asisten puedan vadearse en la vida. Eso es lo que hace un cuerpo de cristianos sano. Se ocupan los unos de los otros. Recientemente, un amigo mío relató una historia que ilustra esto de forma maravillosa.

Kevin, un muchacho, había recibido abusos, rechazo y abandono por parte de su padre. Al ser un niño de acogida, estaba lleno de temores y tenía dificultad para confiar en las personas. Un día, recibió una invitación para ir a un campamento donde muchachos de trasfondos similares podían disfrutar de una semana llena de diversión en un lago. Allí, consejeros y líderes derramaron su corazón en cada niño durante cinco días. Su objetivo era el de edificar la confianza de los asistentes e inspirarlos a hacer algo que ellos nunca antes habían soñado hacer.

En ese campamento en particular, la pesca era una actividad favorita. Uno de los monitores llamado Mark enseñó a los muchachos a pescar desde el puerto. Mark sabía que tal logro tendría un impacto positivo en ellos.

El joven Kevin no sólo necesitaba una experiencia positiva, sino también un milagro. Sin embargo, había un problema. Kevin tenía un terror mortal al agua. En su lista de sus diez principales temores, estar cerca del lago era el número uno. Por tanto, después de que los muchachos deshicieran sus maletas, su consejero comenzó a buscar una manera creativa para que Kevin experimentase el gozo de pescar un pez.

A pesar de la idea que él presentase, Kevin la rechazaba. Entonces el consejero sugirió que Kevin podría vestirse con un disfraz especial. Le dio un chaleco salva-vidas y le preguntó si quería ponérselo. A Kevin le gustó la idea, ya que muchos de los otros campistas llevaban otros tipos de ropa. Ese día, mientras llevaba puesto el chaleco salvavidas, los consejeros le dijeron lo bien que se veía. Los otros muchachos admiraron su vestimenta oficial de seguridad. Él lo llevó puesto al desayuno, al almuerzo y a la cena. Se convirtió en su uniforme.

El segundo día, el consejero convenció a Kevin para que caminase al lado del lago. "Mira, mientras estamos aquí, ¿por qué no tomamos unos minutos y hacemos un castillo de arena aquí en la orilla?", preguntó el conse-jero. Kevin no estaba muy convencido, pero el consejero señaló que Kevin ya llevaba puesto su chaleco salvavi-das. Por tanto, Kevin se lanzó y comenzó a formar dife-rentes imágenes en la arena. Durante el curso de varios días, su confianza fue aumentando.

A medida que Kevin trabajaba en su creación de arena, notó que los otros muchachos no tenían miedo al agua. De hecho, se reían y disfrutaban. Algunos de ellos estaban pescando peces. Así que, hacia el final del tercer día, su consejero le preguntó si querría salir hasta el puerto y conocer a Mark. Él respondió: "No, gracias".

El consejero le dijo: "Vamos, será divertido. Sólo

caminaremos por el puerto y conoceremos al gran pescador. Además, Kevin, ya llevas puesto tu chaleco".

Kevin finalmente estuvo de acuerdo. Él y su consejero caminaron lentamente hacia el puerto. Con cada paso que él daba, su corazón se aceleraba cada vez más. Aunque se dirigía a conocer al chico más popular del campamento, se iba acercando cada vez más a su mayor temor. Cuando se acercaron, el rostro de Mark se iluminó. Le dijo: "¡Hola, Kevin! ¡Estoy muy contento de que te unas a nosotros hoy! ¡Pareces un muchachote con ese chaleco" Mira, tengo algo para ti". Agachándose, Mark agarró su caña de pescar y la puso en las manos de Kevin. Aunque el muchacho no parecía emocionado, todos podían ver en sus ojos el deseo de agarrar esa caña.

Mark dijo: "Oye, ya que estás aquí, ¿por qué no ponemos un cebo en ese anzuelo?". Entonces metió la mano en un recipiente, agarró algo de cebo y lo puso en el anzuelo. Kevin estaba todo tenso. Después de todo, nunca antes había estado tan cerca de algo tan aterrador.

Intentando ser positivo, Mark dijo: "Te diré qué. Deja que te enseñe cómo lanzar. Nada puede pasarte mientras te enseño cómo lanzar tu sedal al lago. Así es como se hace". Apretó el botón del carrete, empujó la caña hacia detrás de su hombro, y la lanzó en dirección al lago. El anzuelo y el cebo volaron por el aire.

Kevin pensó: *¿Qué divertido es eso?*

Después de varios lanzamientos, Mark se giró hacia el muchacho y le preguntó si quería probar. A Kevin le gustó la idea y agarró la caña. Con cuidado se acercó al borde del muelle. Kevin ahora estaba a pocos centímetros del agua. Aquello fue algo trascendental para él.

Imitando a Mark, Kevin presionó el botón del carrete, lanzó la caña por detrás de su hombro derecho, y lanzó su sedal con todas sus fuerzas. Desgraciadamente, lo lanzó con tal fuerza que él salió volando detrás cayendo de cabeza al agua. Su peor pesadilla se había hecho realidad.

Los ojos de Mark, del consejero, y de los otros campistas eran tan grandes como platos mientras veían desarrollarse la escena. Casi tan rápidamente como Kevin llegó al agua, el consejero se tiró tras él. Mark se tumbó boca abajo en el muelle y en cuanto Kevin salió a la superficie agarró su chaleco salvavidas y lo sacó del agua.

Sólo unos segundos después de su potente lanzamiento, Kevin estaba de pie en el muelle empapado de agua. Cuando él escupió el agua que había tragado, el consejero y Mark notaron algo interesante. Kevin aún estaba agarrado a su caña de pescar. En todo el episodio, nunca la soltó.

De repente, la punta de la caña comenzó a moverse hacia abajo esporádicamente. Donde antes estaba el cebo, ahora había un pez sacudiéndose en el extremo del sedal de Kevin.

Una expresión de sorpresa se vio en la cara de Kevin. ¡Había pescado un pez! Se sintió poderoso al haber afrontado su mayor temor y haberlo vencido. Kevin pasó el resto de su tiempo en el campamento con sus pies colgando del borde del muelle, pescando al lado de un amigable compañero pescador llamado Mark.

No habría manera de que Kevin pudiera haber obtenido esa victoria si no hubiera sido por las amorosas personas cristianas que le llevaron de la mano y caminaron con él durante el proceso. Eso es precisamente lo que hace una iglesia sana. Un grupo de personas piadosas de igual fe puede ayudar a guiarnos cuando atravesamos tentaciones, temores, y desafíos que afrontamos y ayudarnos a crecer en nuestra relación con Dios. Este es el corazón de lo que significa ser una iglesia.

Estar en la iglesia es un hábito vital que nos capacita para dejar atrás las cosas que nos retienen. Asistir a la iglesia regularmente tiene beneficios espirituales y físicos, y nos vincula a una misión colectiva que nos permite tocar el mundo (Mateo 28:19–20).

Los dos primeros hábitos piadosos que hemos

estudiado hasta aquí nos ayudan a renovar nuestra mente y crecer con otros creyentes. El tercer hábito del que ahora hablaremos es uno de los hábitos piadosos más importantes que podemos desarrollar.

3. Pasar tiempo con Dios en oración

Pasar tiempo con Dios en oración cambia cosas, tanto externa como internamente. Veamos en primer lugar un ejemplo de cómo la oración puede cambiar las circunstancias externas.

La oración cambia lo externo. Un día, una mujer de dinero y su esposo invitaron a un profeta llamado Eliseo a su casa a comer. Después de eso, cuando él pasaba por aquella región, se quedaba con esa familia. Reconociendo que Eliseo era un hombre santo, la pareja decidió hacer un cuarto para él en el piso superior de su casa.

A medida que Eliseo fue conociendo a la familia, tuvo compasión de la mujer, porque ella no tenía hijos y su esposo era viejo. Por tanto, un día Eliseo le dijo a ella: "El año que viene, por esta fecha, estarás abrazando a un hijo". Pero la mujer se sintió abrumada. No quería llenarse de falsas esperanzas. "¡No, mi señor, hombre de Dios! —exclamó ella—. No engañe usted a su servidora" (2 Reyes 4:16).

Pero después de unos meses, la mujer se quedó

embarazada y dio a luz a un hijo. A medida que el muchacho creció, salió con su padre a trabajar en los campos. Un día, de repente experimentó un fuerte dolor de cabeza. El padre le dijo a uno de los obreros que llevase al muchacho con su madre. Así que el siervo hizo lo que le dijeron. El muchacho se sentó en el regazo de su madre, y a mediodía murió.

Con un corazón roto, la mujer agarró a su hijo muerto y lo llevó al piso de arriba, al cuarto que habían preparado para Eliseo. Puso con cuidado al muchacho sobre la cama, cerró la puerta, y se fue. Entonces ensilló un asno y partió para ver a Eliseo.

Cuando finalmente llegó donde estaba Eliseo, se agarró de sus pies y dijo: "Señor mío. . . ¿acaso yo le pedí a usted un hijo? ¿No le rogué que no me engañara?" (2 Reyes 4:28). Inmediatamente, Eliseo se dirigió a su siervo y le dijo: "Arréglate la ropa, toma mi bastón y ponte en camino. Si te encuentras con alguien, ni lo saludes; si alguien te saluda, no le respondas. Y cuando llegues, coloca el bastón sobre la cara del niño" (v. 29).

La mujer estaba decidida a no irse del lado de Eliseo. Él le había hecho una maravillosa promesa; esa promesa se hizo realidad, y en una tarde, le fue arrebatada. Ella le dijo: "¡Le juro a usted que no lo dejaré solo! ¡Tan cierto como que el SEÑOR y usted viven!" (v. 30). Así que

Eliseo no se quedó. En cambio, la acompañó de regreso a su casa.

Mientras tanto, Guiezi hizo exactamente lo que Eliseo le había dicho que hiciera. Se adelantó rápidamente hasta la casa sin hablar con nadie en el camino. Cuando llegó, se apresuró hasta el piso de arriba y puso el bastón de Eliseo sobre la cara del muchacho. Pero no hubo respuesta.

Después de un rato, regresó corriendo para encontrarse con Eliseo en el camino, y le dijo: "El niño no despierta" (v. 31). Los tres continuaron hasta la casa, y cuando subieron al cuarto, Eliseo vio al niño muerto sobre la cama en el cuarto que la pareja había hecho para él. Nadie dijo ni una sola palabra. Eliseo entró en el cuarto solo, se giró y cerró la puerta. Levantando sus ojos hacia el cielo, oró al Señor.

Entonces hizo algo extraordinario. Se subió a la cama y se estiró encima del niño, uniendo manos con manos, ojos con ojos, boca con boca. Pasó el tiempo y finalmente el cuerpo del muchacho comenzó a agarrar calidez.

Eliseo se levantó y comenzó a pasear de un lado a otro. Entonces el profeta regresó a la cama y se estiró otra vez sobre el niño. De repente, el niño estornudó siete veces, abrió sus ojos, y miró a su alrededor. Eliseo abrió la puerta y le indicó a Guiezi que llamase a la madre del niño. Cuando ella entró en el cuarto, Eliseo le entregó al niño.

La oración cambia lo externo. Cambia nuestras circunstancias, condiciones y alrededores. La oración cambia cosas que parecen inmutables, cosas que están por encima de nuestro control.

Entre las muchas lecciones que podemos aprender de la experiencia de Eliseo, dos en particular nos ayudarán en nuestro viaje para dejar atrás las cosas que nos retienen. En primer lugar, *no hay sustituto para la oración*. Cuando Eliseo envió a su sirviente con su bastón para ministrar a las necesidades de una familia en crisis, no hubo respuesta. Solamente cuando Eliseo oró fue cuando la mano de Dios comenzó a moverse.

Dios quiere oír nuestros corazones. La práctica de pasar tiempo con el Señor es algo que debemos trabajar para edificar. Y cuando edificamos una sana vida de oración, Dios comienza a moverse en nuestra vida.

En segundo lugar, *aun cuando afrontemos pronósticos imposibles, la oración cambia las cosas*. Aprendes que Dios interviene cuando las cosas se ven sombrías. En tu momento más bajo, Dios responde cuando hablas desde el corazón. Él escucha tus peticiones y entiende tus necesidades.

Por ejemplo, tenemos la historia de Ana, que anhelaba un hijo pero no podía concebir:

Con gran angustia comenzó a orar al SEÑOR y a llorar desconsoladamente. Entonces hizo este voto: «SEÑOR Todopoderoso, si te dignas mirar la desdicha de esta sierva tuya y, si en vez de olvidarme, te acuerdas de mí y me concedes un hijo varón, yo te lo entregaré para toda su vida, y nunca se le cortará el cabell». . . Ana concibió y, pasado un año, dio a luz un hijo y le puso por nombre Samuel, pues dijo: «Al SEÑOR se lo pedí» (1 Samuel 1:10–11, 20).

Cuando, al igual que Ana, estés contra la pared, clama al Señor. Él te oirá. Si sientes que toda esperanza está perdida y que no hay salida, pide al Señor que intervenga. Cuando lo hagas, cree que Dios actuará, ¡y Él lo hará!

Dios responde a la oración, aun cuando menos lo esperemos. El teléfono sonó a las 7:30 de la mañana. "Jason, tengo buenas noticias —dijo mi supervisor—. Tus sueños de realizar una campaña evangelística están a punto de hacerse realidad. Una iglesia grande va a enviar a un equipo de construcción y a un equipo médico para trabajar durante el día. También quieren patrocinar una campaña evangelística en la noche. ¿Puedes coordinarlo y ser el traductor para su pastor?". Decir que yo estaba emocionado es quedarse corto.

La ciudad en la cual íbamos a realizar la campaña era una comunidad pequeña y marginal en las afueras de San José, Costa Rica. Encontré el lugar ideal y pedí a un buen amigo, Danilo Montero, que dirigiera la alabanza. Nuestro equipo hizo las conexiones eléctricas, instaló las torres de luces, y distribuyó cientos de miles de folletos. Yo conduje hasta la empresa que rentaba el mayor escenario movible en todo el país. Era la misma que utilizó el presidente del país durante su campaña.

Dos días después, el camión llevó el tráiler que se convertía en una plataforma. Uno de sus lados era permanente. El otro se bajaba noventa grados y se convertía en el escenario. Sin embargo, cuando intentamos bajarlo, una de las bisagras se rompió, y el escenario entero se derrumbó. Yo no podía creer lo que veía. Pensé: *Este es el escenario del presidente. Y ahora parece una lata aplastada.* Sin vacilación, sacamos a varios miembros del equipo de la construcción y los pusimos a trabajar para arreglar el escenario y volver a montarlo. Finalmente, quedó arreglado.

Durante el día, voluntarios en la clínica médica habían atendido a cientos de personas en la comunidad. Aquella noche, la campaña evangelística dio comienzo. A la conclusión de la primera noche, hicimos un llamado al altar para las personas que tuvieran necesidades. La mitad de la multitud pasó al frente. A pesar de mi agotamiento y el sentimiento de que estaba sobrecargado, le pedí a Dios la fortaleza para orar por cada uno de ellos individualmente.

La primera persona que se acercó para orar fue Paula, una muchacha acompañada por su abuela. La mujer me preguntó: "¿Podría orar por favor por mi nieta?". Yo le dije que sí, y me arrodillé sobre una de mis rodillas para saber más sobre su necesidad en particular. Dije: "¿Te gustaría que orásemos por ti?". La única respuesta de la niña fue un rápido movimiento de su cabeza. Las lágrimas que corrían por sus mejillas me llevaron a creer que ella tenía miedo de algo.

La abuela dijo: "La semana pasada noté que ella caminaba con una ligera inclinación hacia su izquierda, así que la llevé a la clínica hoy, y los rayos X indicaron que le faltan tres costillas en su lado izquierdo. Los doctores dijeron que tienen que operar, pero no tenemos dinero. Necesitamos un milagro. Yo creo que Dios puede sanarla, pero los doctores nos advirtieron que si no operamos, ella se va a quedar inválida". La noticia había devastado a la anciana.

Yo miré los ojos llenos de lágrimas de Paula, y pregunté: "Cariño, ¿crees que Dios puede sanarte?". Ella asintió, y yo dije: "Muy bien, vamos a orar por ti". Oramos por ella, y después de dos minutos, seguimos con las otras 299 personas que esperaban con paciencia.

Al final de aquella noche sentí un tirón de mi chaqueta. Era Paula. Ella me miró y dijo: "Creo que el Señor me ha sanado". Yo era escéptico, y dije: "Bueno, probablemente deberíamos hacer que un doctor vea eso".

Paula me agarró de la mano y señaló a alguien con su otra mano, diciendo: "Ese hombre es doctor". Así que me acerqué hasta él y dije: "Perdone, pero esta señorita fue a una clínica esta mañana". Antes de poder terminar mi frase, la cara de él se iluminó. "Sí, yo la examiné esta mañana —dijo—. Le faltan tres costillas en su lado izquierdo. Me temo que tiene una curvatura de espalda. Si no la operamos, se quedará inválida".

Yo le expliqué todo lo que había sucedido, que oramos por ella, y lo que ella me dijo después del servicio. "Ella dice que el Señor le ha sanado", le dije al doctor.

Él respondió: "Bien, puedo examinarla ahora mismo. Si está sana, será obvio". Así que él le pidió que se inclinase hacia delante y él levantó su vestido. Con cuidado fue moviendo sus dedos, comenzando en lo alto de su espalda, buscando algún hoyo obvio. Entonces contó de dos en dos desde el final de su cuello hasta la parte baja de su espalda. Me miró con ambas cejas levantadas, y dijo: "La muchacha que vino a la clínica esta mañana tenía, sin duda, menos costillas. La que está delante de nosotros tiene una espalda perfecta". Al día siguiente, Paula y su abuela regresaron a la clínica, donde el doctor verificó lo que había sucedido.

La oración cambia las circunstancias externas. Cambia a las personas e impacta a quienes nos rodean. Su impacto no puede medirse. Durante una época particularmente difícil y pesada, Dios me demostró que Él ciertamente responde la oración.

Habían pasado diez años desde la sanidad de Paula, y yo estaba en el segundo estadio más grande en América Central. Era la primera noche de la cruzada final que realizamos en el año 2004. Las lluvias habían bombardeado la ciudad y habían disuadido a miles de personas de acudir a la campaña. Huelga decir que yo estaba desalentado. Aproximadamente seis mil personas asistían; pero en un estadio con capacidad para veintisiete mil, la multitud parecía pequeña. Concluí el mensaje aquella noche con una ilustración final y relaté la historia de Paula.

Cuando llegué a la conclusión y compartí las palabras del doctor, la multitud comenzó a aplaudir. De repente, noté que alguien de la primera fila caminaba hasta el lateral del escenario. Ella hizo señas al director de escena, quien acompañó a la joven hasta mí. Aunque al principio no la reconocí, cuando ella se acercó más no podía creer lo que estaba viendo. ¡Era Paula! De entre toda la gente, la primera persona por la que oré en una campaña estaba delante de mí una década después. Lloré de alegría.

Ahora era una mujer adulta. Según todas las definiciones, ella era normal, libre de cualquier discapacidad, anormalidad o deformidad. Dios la envió, una vez más, durante un momento en que yo necesitaba un empuje. Recordé que la oración realmente cambia lo externo.

Cuando oramos, Dios responde. Su poderosa mano comienza a obrar, y podemos contar con la promesa de que Él siempre nos oye y nos responde. Aunque su respuesta a veces es diferente a lo que nosotros podríamos esperar, sin embargo Dios responderá.

Hemos descubierto el dinámico impacto que la oración causa en nuestras circunstancias externas. Ahora descubriremos cómo la oración nos cambia internamente: nuestro modo de pensar, sentir, y percibir el mundo.

La oración cambia lo interno. Pedro es uno de los discípulos más destacados y conocidos en la Biblia. Sin embargo, desde el momento en que se convirtió en un seguidor de Jesús hasta después de la resurrección, cuando intentó convencer a Cristo de que lo amaba, una y otra vez Pedro demostró una falta de confianza. Quizá sea por eso que tantas personas se identifican con Él. En Mateo 14, Pedro salió de una barca, caminó sobre el agua, y segundos después comenzó a hundirse. En Marcos 8, Jesús lo reprendió y se refirió a él como a Satanás. En Mateo 26, Pedro juró que él nunca negaría a Cristo, sólo para fallar desesperadamente antes de que el gallo cantase una tercera vez. En Marcos 14, se quedó dormido en el huerto cuando el Señor concretamente le dijo que se quedase despierto y orase sólo durante una hora. En Lucas 5, cuando Pedro vio la pesca milagrosa, cayó de rodillas y dijo: "¡Apártate de mí, Señor; soy un pecador!" (v. 8). Finalmente, en Juan 21, Jesús tuvo que preguntar a Pedro tres veces si le amaba o no.

A lo largo de los cuatro Evangelios, la imagen que tenemos de Pedro es de un discípulo incoherente que conoce la verdad pero tiene dificultad para hacer lo que él sabe que es correcto. Algo comienza a suceder, sin embargo, cuando abrimos el libro de Hechos. Una revolución comienza a tener lugar en el corazón de Pedro.

Después de que Jesús fuera tomado al cielo, 120 discípulos se reunieron para orar continuamente. Pedro fue el primer predicador que surgió de ese grupo. Él alentaba a los discípulos cada día; les enseñaba con una autoridad recién hallada y los guió por el proceso de elegir a un apóstol para sustituir a Judas.

Después de días de oración, llegó la mañana de Pentecostés. Fue uno de los días más importantes registrado en el Nuevo Testamento. ¿Por qué? Porque cambió el mundo para siempre. Los discípulos estaban juntos cuando, de repente, un fuerte viento comenzó a soplar y llenó todo el lugar donde ellos estaban. Imágenes de fuego aparecieron sobre sus cabezas, las cuales parecían tener forma de lenguas. Las imágenes se separaron y descansaron sobre aquellos que estaban presentes. Cada persona, hombre y mujer, fue llena del Espíritu Santo y comenzó a hablar en otras lenguas según el Espíritu le daba la capacidad de hacerlo.

Hubo alguna confusión entre quienes estaban fuera del edificio donde los discípulos estaban reunidos. Cuando oyeron los diferentes idiomas, muchos de ellos se preguntaban unos a otros qué extraño fenómeno era ese. Otros comenzaron a burlarse de los discípulos, acusándolos de haber bebido demasiado vino en el desayuno. Mientras estaban hablando del asunto, un discípulo se puso en pie, elevó su voz, y comenzó a dirigirse a la multitud. Él comunicó uno de los mejores mensajes registrados en la historia de la Iglesia. Claramente explicó el propósito de Dios al enviar a Jesús y la decisión que las personas deberían tomar como resultado de oír el mensaje. Aquel día, tres mil personas se convirtieron en seguidores de Cristo. ¿Quién era el predicador? Pedro.

Posteriormente, en Hechos 3, tanto Pedro como Juan se dirigían al templo y se encontraron con un hombre paralítico que mendigaba dinero. En lugar de mirar hacia otro lado, Pedro le desafió. Se acercó y dijo: "No tengo plata ni oro. . . pero lo que tengo te doy. En el nombre de Jesucristo de Nazaret, ¡levántate y anda!" (Hechos 3:6). Entonces se inclinó y ayudó al mendigo a ponerse en pie. ¡El hombre fue instantáneamente sanado!

La reputación de Pedro como un hombre lleno del poder de Dios aumentó hasta el grado en que "hasta sacaban a los enfermos a las plazas y los ponían en colchonetas y camillas para que, al pasar Pedro, por lo menos su sombra cayera sobre alguno de ellos" (Hechos 5:15).

Pedro ya no era un hombre incoherente y medio disciplinado que no podía mantener su enfoque. El punto crucial para él llegó cuando pasó tiempo en oración, que condujo y culminó en el día de Pentecostés. Él fue transformado por el poder de Dios mediante una diligente vida de oración.

Cuando pasamos tiempo hablando con Dios, algo en nosotros comienza a cambiar. Nos volvemos más semejantes a Él. Adoptamos el carácter de Él; desarrollamos su amor por otros; nos interesamos por la gente. Llevamos la carga de Él por los pobres; obtenemos un corazón de compasión por otros. Orar no sólo nos conecta con un Dios que toca nuestras vidas en momentos de necesidad, sino que también ayuda a centrar nuestras vidas descentradas. Sin importar quién seas o cuál sea tu pasado, la oración marcará una diferencia definitiva en tu vida. Es cierto que la oración cambia a las personas. Y la persona más importante a quien la oración cambia eres tú.

El poder de Dios en un jacuzzi. En el otoño de 1981, yo acababa de comenzar mi viaje espiritual. Desde una fila trasera en mi clase de inglés en la secundaria, oí a otro alumno mencionar que le gustaba un artista cristiano contemporáneo llamado Keith Green. Yo tenía uno de los álbumes de Green, así que le pregunté al alumno si él era cristiano. Él respondió: "Claro, sí, lo soy".

Cuando terminó la clase, conversamos durante unos diez minutos. Entonces él me preguntó si quería ir a su casa aquella tarde para jugar al billar. Aquello sonaba estupendo, especialmente ya que la única mesa de billar que yo había visto estaba en un bar, y al ser yo menor, no me permitían jugar.

Nunca olvidaré entrar en su gran casa de tres pisos. Tenía un gimnasio, una sala de recreación, un spa interior, y un jacuzzi. La mesa de billar podía convertirse en mesa de ping-pong. Era todo lo que un adolescente podría querer.

Después de jugar un par de partidas de billar, nos metimos en el jacuzzi y comenzamos a charlar sobre cómo habíamos conocido a Cristo. Él me confesó que, anteriormente en su vida, necesitaba ayuda. Así que un pastor se acercó y le enseñó la importancia de la oración y de leer la Biblia. El pastor le guió en un disciplinado entrenamiento espiritual para eliminar los patrones destructivos que él había desarrollado. Entonces él comenzó a implementar nuevos hábitos para no volver a caer en sus viejos caminos. Seis meses después, estábamos sentados en su bañera caliente.

Después de hablarme sobre cómo Dios le ayudó a atravesar esos momentos difíciles, me dijo: "Mira, muchos alumnos como nosotros necesitan la ayuda de

Dios. ¿Por qué no pasamos unos minutos orando por nuestra escuela?".

Te confieso, amigo, que yo nunca antes había orado en público; por tanto, nunca había orado en voz alta. Así que puedes imaginar mi reacción. En segundos, pude sentir que mi presión arterial se elevaba. Pensé: *¿Cómo se ora en voz alta de una manera que suene espiritual?* Entonces, otra voz en mi cabeza tomó el control, la que proviene de la Palabra de Dios. Los versículos de la Biblia que yo leí desde que tuve el encuentro en aquella iglesia vinieron a mi mente. Yo pensé: *Dios quiere que oremos. Dios quiere oírnos. Él quiere oírme orar.*

Yo dije: "Está bien. ¡Pero tú empiezas!".

Mi amigo oró con convicción y entusiasmo, levantando su voz y clamando a Dios. Expresó palabras impresionantes y poderosas que sé que agradaban al Señor. Le pidió a Dios que rescatase a quienes estaban perdidos, a quienes sufrían, estaban solos y apartados. Le pidió a Dios que ayudase a la gente a descubrir la verdad y que produjese una revolución espiritual en nuestra escuela. Cuando él terminó su oración, me miró e hizo un gesto con la cabeza para indicar que era mi turno.

Esperé un momento, respiré profundamente, y dije: "Sí, ¡lo que él acaba de decir!".

Descubrí una importante lección mediante aquella

experiencia. Mientras nuestros corazones sean sinceros, casi cualquier oración es lo bastante buena. En los meses que siguieron, yo continué desarrollando una vida de oración. Cada día, dedicaba tiempo a hablar con Dios. Estuviera caminando hacia la parada del autobús o sentado en mi cuarto, hablaba con Él como lo haría con mi mejor amigo. Aquellos momentos de oración tuvieron un profundo impacto en mi vida. Como resultado, Dios comenzó a cambiar mi carácter. Las tentaciones que afrontaba eran difíciles, y a veces abrumadoras, pero después de pasar tiempo en oración, se volvieron manejables. Dios me ayudó a sustituir muchos de los patrones destructivos por uno que marcó una importante diferencia. La oración tuvo un impacto *interno* en mi vida. Debido a la oración, yo soy una persona completamente diferente.

Una de las mejores cosas que puedes hacer para iniciar un cambio en tu vida es orar. Puedes desarrollar el hábito de pasar tiempo con Dios. Comienza hoy. Hacerlo revolucionará tu vida.

Cuando mi familia y yo vivíamos en América Central, teníamos un patio que estaba lleno de malas hierbas. Llamé al jardinero, y aproximadamente una vez al mes él las eliminaba. Tres semanas después, habían regresado. Finalmente, le pregunté por qué era tan difícil tener un patio sin malas hierbas. Su respuesta fue sorprendente. Dijo: "Los pájaros. Creen que su tarea es extender la semilla. A menos que pueda librarse de todos los pájaros, tendrá que seguir quitando las malas hierbas".

Lo mismo es cierto con respecto al desarrollo de patrones destructivos en nuestras vidas. Muchas cosas influencian nuestro modo de pensar. Algunas son útiles; otras no lo son. Ser transformados por la renovación de nuestra mente es como el proceso de limpieza de un jardinero. Regularmente tenemos que limpiar la acumulación de malas hierbas. Hacemos eso leyendo la Palabra de Dios, reuniéndonos con otros creyentes, y pasando tiempo en oración.

Al concluir este capítulo, reflexiona en los tres buenos hábitos que conducen a la transformación y hazte las siguientes preguntas:

¿He estado leyendo mi Biblia? Si no, quizá deberías comenzar.

¿Asisto regularmente a una iglesia o a una reunión semanal? Quizá sea el momento de encontrar una iglesia donde tú y tu familia puedan ser alentados en su fe.

¿Paso suficiente tiempo con el Señor en oración? Él te ama y desea pasar tiempo contigo cada día.

Tú eres importante para Dios, y Él puede ayudarte a dejar atrás las cosas que te retienen si le das la oportunidad de hacerlo. No hay nadie que te tenga en mayor estima que el Señor. Tú siempre estás en su mente. Estos tres hábitos te capacitarán para reinventarte. Pueden ser el comienzo de una vida increíble llena de significado e importancia.

Es apropiado que concluyamos este capítulo con una breve oración. De nuevo, dejo a tu consideración que agradezcas una guía. Antes de escribir este capítulo para ti, oré para que sintieras la presencia de Dios cuando hablases con Él.

Señor, una vez más reconozco que tú eres la fuente de vida. Te pido que me ayudes a implementar nuevos y buenos hábitos. Ayúdame a ser transformado por la renovación de mi mente. Muéstrame nuevas perspectivas en tu Palabra para que pueda entenderla mejor. Guíame a una iglesia o a una reunión regular y ayúdame a involucrarme para que pueda aprender más de ti. Quiero establecer relaciones significativas que me ayuden a crecer. Y ayúdame a apartarme de esas relaciones que sean destructivas y dañinas. También te pido que me ayudes a orar. Ayúdame a acudir siempre a ti en mi momento de necesidad, abriendo las líneas de comunicación para que no me hunda en la depresión o en la soledad. Finalmente, te pido que me apartes de la tentación. Líbrame de esas cosas que sean seductoras y dañinas. Te pido estas cosas en el nombre de Cristo. Amén.

CAPÍTULO 5

Escoge perdonar

Era una cálida noche de verano en el sur de California. La humedad era baja, el crepúsculo era aún visible, y mi emoción era elevada. Mi mamá y yo nos dirigíamos a la tienda a comprar helado. Para un niño de seis años, no había nada mejor después de un caluroso día de verano.

Recuerdo que entramos en el estacionamiento en la zona oeste de San Fernando Valley. Mi mamá estacionó su Volkswagen Bug de 1969 y comenzó a hurgar en su bolsa de cuero de estilo hippie, buscando treinta centavos. En aquellos tiempos, eso era lo que costaban dos conos de helado dobles. Después de encontrar una moneda de un cuarto de dólar y otra de cinco centavos, me miró y dijo: "Ahora recuerda, quiero un cono doble con pistacho y helado de café".

Me entregó las dos monedas y me envió a comprar. Yo debí de haber repetido la combinación de sabores al menos veinte veces antes de llegar a la entrada de la tienda. Estaba decidido a demostrarle que yo podía hacerlo solo. Pensé: *Soy un chico grande.*

El vendedor se apoyó en el mostrador refrigerado y dijo:

—¿Puedo ayudarte?

—Sí —dije yo—. Quiero un cono con "rocky road" y menta con chocolate. Y otro cono con pistacho y café.

—¿Eso es todo? —preguntó él.

—Eso es todo —respondí yo con confianza.

Esperé pacientemente ambos conos. La tensión iba aumentando. Yo sabía que tenía que pagar y regresar apresuradamente al auto antes de que el helado comenzara a derretirse. Le entregué el dinero al tendero, y él me dio los dos conos. Me di la vuelta y pisé la alfombra que abría la puerta automática, y me dirigí al estacionamiento.

No esperé a llegar al auto para dar una probadita a mi cono. Así que lo acerqué a mi boca y me comí una pequeña parte de mi helado. Qué refrescante.

Seguí caminando y di otra mordida. *Esto es vida*, pensé. Desgraciadamente, es difícil hacer tres cosas a la misma vez, especialmente cuando incluyen caminar, comer helado, y mantener el cono de tu mamá en posición horizontal.

Al dar otro bocado, no noté que el cono de mi mamá tenía una inclinación de cuarenta y cinco grados. Cuando finalmente me di cuenta de lo que estaba sucediendo, la Torre Inclinada de Pisa había comenzado a caerse. El helado se cayó del cono en un movimiento lento, hasta que finalmente golpeó el suelo en medio de una de las plazas de estacionamiento.

Para un muchachito, helado en el suelo es igual de bueno que helado en un cono. Así que me agaché, agarré el helado, lo puse de nuevo en el cono, y me dirigí al auto. Esa vez pensé que sería mejor no dar más bocados hasta llegar al auto.

Mi mamá se veía muy emocionada al ver a su hijo servirle un cono de azúcar con sus sabores favoritos encima. "Lo hiciste", dijo ella. Yo resplandecía de orgullo y me metí en el asiento trasero.

La veía por el espejo retrovisor mientras ella comenzó a comerse su cono. Después del tercer lametazo, se sacó algo de la lengua. Haciendo un gesto con sus cejas, musitó para sí: "¿Qué es esto? ¿Es cristal?".

Después de sacarlo de su lengua, la limpió tranquilamente con una servilleta. Al siguiente lametazo, frunció el ceño otra vez y dijo: "Hay un pelo en mi boca. . . y este helado sabe a aceite de motor". Con enojo entrecerró sus ojos azules, se giró lentamente, y dijo:

—Jason, ¿le sucedió algo a mi helado?

—No —dije yo—. Tu helado está bien.

—Entonces —dijo ella—, ¿por qué sabe a aceite de motor? Hijo, ¿se te cayó mi helado?

—Sí —respondí yo con aire despreocupado—, pero lo agarré y lo volví a poner en el cono para que pudieras comértelo.

—¿Lo dices en serio? —preguntó ella.

—Sí —dije yo sinceramente—. ¿Por qué? ¿Hay algún problema?

Yo cometí un terrible error pero no por las razones equivocadas. Yo creía de verdad que estaba haciendo lo correcto, y pensé que lo había hecho bien.

Quizá fuese la expresión inocente, el largo cabello rizado, o los ojos azules de su hijo de seis años. Pero algo evitó que la ira de mi mamá hiciera erupción. Algo calmó la situación. Ella tuvo que tomar una importante decisión entre dos fuerzas contrarias. ¿Cedería a sentimientos de enojo? ¿O me perdonaría?

Hasta el día de hoy, nos reímos de lo que sucedió, aunque yo me río más que ella. Si su helado hubiera caído sobre algo tóxico, la historia podría haber terminado de modo distinto. Imagina si el pedazo de cristal se le hubiera atragantado. Ella podría haber resultado gravemente herida. Algunos padres habrían explotado con sus hijos por haber hecho algo tan estúpido. En cambio, mi mamá escogió perdonarme.

Anteriormente, aprendimos que la transformación comienza sólo cuando tenemos una razón legítima para cambiar. Yo lo llamé descubrir nuestro *porqué*. Cuando nos aferramos a una razón lo suficientemente fuerte para cambiar, formamos una relación con Dios y le miramos a Él para que cambie nuestra perspectiva. Con esa perspectiva cambiada, Él nos ayuda a romper ciclos destructivos que nos retienen. Entonces establecemos hábitos piadosos que sustituyen a los destructivos.

Este capítulo habla del quinto paso en nuestro viaje para cambiar nuestra vida. Aprenderemos la importancia de evitar la amargura y el enojo, y de soltar nuestras heridas del pasado. Concretamente, hablaremos sobre la importancia de perdonar a otros y la libertad que experimentamos cuando recibimos perdón. Cuando completemos este paso, nuestras vidas tendrán un nuevo poder, significado e importancia.

LA AMARGURA Y EL ENOJO CREAN
ESPACIOS PARA EL ENEMIGO

Algo nos sucede cuando no liberamos nuestro enojo y perdonamos a quienes nos han herido. Es interesante que nuestro enojo no tiene efecto en ninguna otra persona (a menos que lo expresemos), pero sí tiene un efecto devastador en nosotros. Como un tumor canceroso que carcome órganos vitales, si no se controlan, la amargura y el enojo consumen nuestra alma.

La Escritura dice: "«Si se enojan, no pequen». No dejen que el sol se ponga estando aún enojados, ni den cabida al diablo" (Efesios 4:26–27). Cuando permitimos que el sol se ponga mientras seguimos enojados, en esencia, perdemos nuestra libertad. ¿Por qué? Aferrarnos al enojo le da al diablo un espacio para entrar en nuestra vida, y como resultado, nos quedamos atados a círculos viciosos. Nuestro enojo abre la puerta a la amargura. La amargura abre la puerta al rencor. El rencor abre la puerta al desprecio.

Desde 2001, en cada una de mis cruzadas hemos tenido una zona especial pensada para la consejería. Aproximadamente un 70 por ciento de las personas que piden hablar con uno de nuestros consejeros tienen algo o alguien que nunca han sido capaces de perdonar. Ya sean asuntos matrimoniales, problemas familiares, o sentimientos de depresión, el consejero no necesita mucho tiempo para encontrar un área de amargura. Prácticamente en todos los casos, el conflicto tuvo lugar entre dos personas. Algunas arrastran el resentimiento y el odio no por años, sino por décadas. En lugar de dejar atrás el pasado y cerrar la puerta al enemigo, insisten en mantenerla abierta de par en par.

Con el tiempo, los espacios se convierten en autopistas. Las personas que se aferran a su amargura y su enojo se vuelven más negativas y pesimistas, y les resulta difícil confiar en otros. Tienden a mantener amistades malsanas y relaciones familiares disfuncionales. Se apartan cada vez más. Me duele ver a tantas personas que parecen impotentes para soltar las heridas y las frustraciones que las mantienen atadas.

A lo largo de los años, he notado varias consecuencias devastadoras para quienes no dejan atrás el pasado. Los siguientes son los resultados de la amargura que seguimos albergando.

LOS RESULTADOS DE LA AMARGURA

1. Es venenosa

La amargura es como un veneno que nos bebemos esperando que otra persona muera, pero en cambio termina matándonos a nosotros. Albergar amargura siempre nos causa más daño a nosotros que a las personas a las que despreciamos. Nos carcome, nos derriba lentamente, y nos destruye. Como dice la Escritura: "Veo que vas camino a la amargura y a la esclavitud del pecado" (Hechos 8:23).

Un colega misionero me contó una historia sobre una mujer en África que tenía un hijo. El hijo se casó, y su esposa no se llevaba bien con la madre de él. Después de varios años de evitarse la una a la otra, su esposa y su madre tuvieron una brutal pelea. Desde ese momento en adelante, no volvieron a hablarse.

Siempre que la madre del hijo hablaba sobre la nuera, se enfurecía, y la amargura consumía su corazón. Cada día pensaba en nuevas maneras de fustigar a la esposa de su hijo. No pasó mucho tiempo hasta que ella comenzó rumores, diciendo que su nuera le estaba siendo infiel a su hijo, estaba abusando de los nietos, y se gastaba todo el dinero.

Un día, la madre del hijo enfermó, hasta el punto de quedar postrada en cama. Durante semanas, el doctor de la familia hizo pruebas pero no pudo encontrar nada que estuviera físicamente mal en ella. De manera lenta pero segura su cuerpo se estaba cerrando, y nadie sabía por qué. El doctor observó, sin embargo, una coherencia en cada visita. Siempre que él hacía la pregunta: "¿Cómo está la familia?", ella respondía de la misma manera: "Todos están bien excepto mi hijo. Sufre mucho al estar casado con esa malvada mujer".

Después de varias semanas, el doctor finalmente decidió hacer una recomendación a la familia sobre un tipo distinto de tratamiento. "Según mi opinión, ella no necesita un doctor de medicina; ella necesita uno espiritual, alguien que pueda ayudarla a vencer su ira". Él recomendó que ella hablase con el pastor que vivía cerca. Con el permiso de ellos, el doctor concertó una fecha para una visita pastoral. La familia estuvo de acuerdo, y al día siguiente llegó el pastor a mediodía.

Cuando el pastor entró en la habitación, preguntó a la mujer:

—Dígame, ¿qué está sucediendo en su vida?

—Además de estar atada a esta cama, me va bien —respondió ella.

—Dígame, ¿cómo está el resto de su familia?

Casi al instante, la mujer levantó sus ojos y dijo:

—Qué bueno que lo pregunte —y comenzó a echar pestes de su nuera.

—Bueno —dijo el pastor—, creo que he encontrado el origen de su problema.

—Sí —dijo la mujer—, ella es el origen de todos

mis problemas, y si pudiera salir de esta cama, le haría pagar por ello.

—Bien —el pastor dijo—, hay una manera en que usted salga de esa cama, y no le costará nada la receta. De hecho, la única manera en que saldrá algún día de esa cama es perdonando a su nuera.

—¿Qué? —exclamó la mujer—. ¿Ha dicho 'perdonarla'?

—Eso es exactamente lo que dije —respondió el pastor.

—¿Y por qué debería yo perdonarla? —preguntó la mujer.

—Porque esa es la única manera en que usted experimentará libertad del dolor que la tiene esclavizada —dijo él—. Dios no ha creado nuestro cuerpo físico para soportar amargura durante un largo periodo de tiempo. Finalmente, nos derrumbamos si no perdonamos a quienes nos han ofendido.

Aunque la mujer se resistió al principio, el pastor la convenció para que dijese las palabras *Te perdono* seguidas del nombre de su nuera. Después de orar, le exhortó a que no cayese otra vez en la trampa de meditar en emociones dolorosas. Ella siguió su sabio y piadoso consejo, y al final del día siguiente, estaba otra vez en pie. Llamó a su nuera y le expresó su deseo de verla. Aquella noche hablaron y lloraron juntas, reconciliando sus diferencias.

Los doctores nos dicen que, en muchos casos, los ataques al corazón y los derrames son causados cuando las personas dejan su ira y su amargura sin resolver y la acumulan.[1] También nos dicen que muchas enfermedades de la actualidad son el resultado de problemas relacionados con el estrés.[2] Cuando nos negamos a perdonar y soltar a quienes nos han herido, el daño que nos hace a nosotros es mucho mayor que cualquier cosa que pudiéramos infligirles a ellos. Además, si nos negamos a liberar a quienes nos han herido, la amargura se extiende desde nuestro corazón e infecta a quienes están cerca de nosotros.

2. Es contagiosa

La amargura pasa de una persona a otra como una enfermedad. En el capítulo 2 hablamos sobre las cosas que aprendemos y transmitimos a la siguiente generación.

La amargura es también una conducta aprendida. La aprendemos de nuestros padres, compañeros de trabajo, amigos, familiares, y otras personas influyentes. Y si podemos agarrarla, podemos extenderla. Como nos advierte la Escritura: "Asegúrense de que nadie deje de alcanzar la gracia de Dios; de que ninguna raíz amarga brote y cause dificultades y corrompa a muchos" (Hebreos 12:15).

Antes de convertirme en misionero, trabajé como representante de ventas para una gran multinacional. Ganaba un buen salario. Me dieron un escritorio con vistas a la hermosa fuente de agua que estaba entre los edificios de oficinas totalmente nuevos. Me proporcionaron un buen plan médico y dental. A mis veintiún años de edad, estaba emocionado de ser parte de la empresa más grande en su industria. Sin embargo, unas semanas después, observé que mi elevado nivel de emoción caía en picado.

Comenzó cuando daba la vuelta a la esquina cada mañana al dirigirme hacia el refrigerador de agua en el receso. Al principio, otros empleados bajaban sus voces cuando yo me acercaba, pero pronto me gané su confianza y me permitieron participar en el tema de conversación. ¿Por qué todo ese secreto? Varios de los empleados sentían que la empresa era incompetente en algunas áreas.

Se quejaban de que el paquete de compensación era demasiado bajo. Estaban insatisfechos con el rendimiento de la empresa. Otras empresas podían entregar un producto menos caro con mucha más rapidez que nosotros.

Pronto, los empleados tenían una larga lista de quejas, y con el tiempo fue aumentando.

Con el tiempo, yo también participé. Me encontré a mí mismo quejándome de mi salario, de fabricantes tercos, y del equipo de gerencia. La actitud de amargura era contagiosa, y me había infectado. Permití que lo que oía cambiase mi percepción de la empresa, y se coló la amargura. Lo que es peor, mi actitud estaba teniendo un efecto negativo en empleados más nuevos.

Con el tiempo, muchos representantes de ventas se trasladaron a otras organizaciones, y después de dieciocho meses, una mujer joven y yo éramos los representantes veteranos en la oficina. Ella y yo hicimos un compromiso de detener todas las conversaciones negativas en un esfuerzo por cambiar el tono de la moral de la oficina. Hasta que cerraron nuestra división, nos las arreglamos para dejar el pasado en el pasado y hacer de la oficina un lugar positivo donde los representantes de ventas pudieran sobresalir en su trabajo.

La amargura actúa como un virus que se extiende de persona a persona. Antes de darnos cuenta, ha tocado a todos los que están cerca de nosotros. Desgraciadamente, no se borra, sino que empeora con el tiempo. Quizá el efecto que más se pasa por alto de estar amargado es su longevidad. Puede quedarse con nosotros durante años.

3. Nos ata

La amargura nos mantiene firmemente ligados a quienes nos han ofendido hasta el día en que tomamos la decisión de liberarlos. La gente dice que el tiempo lo cura todo. ¡No es así! Experimentamos sanidad de la amargura solamente cuando hacemos una elección consciente de ser libres. ¿Has estado alguna vez en una reunión familiar donde algunas de las personas han pasado por un divorcio? Pregunta a alguno sobre el ex de él o ella, y verás cuánta sanidad ha llegado a su vida como resultado del paso del tiempo.

Recientemente hablé con un hombre que se había divorciado hacía unos treinta años. Era un adicto al trabajo reconocido que era menos que atento con su esposa. Ella se cansó de sentirse sola en la relación, así que se rindió. La disputa fue intensa. En el acuerdo, ella se quedó con los niños y la casa. Cuatro años después, ella se casó de nuevo. Él llevó el dolor del rechazo durante tres décadas. Tristemente, después de todos esos años, él nunca volvió a casarse.

Tomando una taza de café, él me confesó que ocasionalmente les pregunta a amigos mutuos cómo le va a su ex-esposa. Cuando oye que las cosas son difíciles, tiene un sentimiento de retorcida alegría. Cuando las cosas van bien, dice con renuencia: "Bueno, mejor para ella". Pero en lo profundo de su ser, está decepcionado de que su ex-esposa sea feliz sin él. Desearía que ella siguiera teniendo sentimientos por él.

Es irónico, ¿verdad? Un hombre puede amar a una mujer, odiar a una mujer, y esperar que la calamidad toque su vida. Puede albergar amargura en su corazón durante años, hasta décadas. Y la amargura, no el amor, es lo que le mantiene atado a ella.

La amargura es un peligroso pegamento emocional que nos mantiene conectados de manera malsana a quienes nos han hecho daño. Si queremos experimentar verdadera libertad del dolor del pasado, necesitamos liberar a quienes nos han herido.

¿Y qué de ti? ¿Has sido herido por otros y te sigue resultando difícil perdonarlos? ¿Tienes dificultad para soltar tu pasado? ¿Ha obtenido Satanás una entrada en tu vida?

Quiero que sepas que no eres una mala persona si respondiste sí a esas preguntas. En cualquier momento dado en la vida, nos encontramos con personas que nos tratan mal, y es normal sentirse herido. La buena noticia es que no tenemos que seguir sufriendo. Podemos experimentar libertad. Podemos experimentar verdadero poder, y el Señor nos mostrará cómo.

LA SOLUCIÓN

Ya sea que quieras ser un mejor cristiano, avanzar en tu carrera, perder peso, o llegar a estar económicamente seguro, Dios dice que el cambio es posible. Esas cosas se pueden lograr. Con Dios, todas las cosas son posibles, pero sólo si sigues la receta de Él para el cambio. Dios te ofrece poder para cambiar las cosas que quieres que sean diferentes, pero está directamente vinculado con tu capacidad de perdonar a quienes te han ofendido. ¿Qué tiene que ver el perdón con avanzar y sobresalir en diferentes áreas de tu vida? El perdón nos hace libres de los pesos que nos impiden avanzar. Y nada nos pesa más que las cadenas de la amargura y la ira. Por eso la Escritura nos alienta: "Abandonen toda amargura, ira y enojo, gritos y calumnias, y toda forma de malicia" (Efesios 4:31).

Jesús entendió el poder del perdón. Para Él, perdonar a otros era vital para una vida llena de libertad e importancia. El perdón era tan importante que Él lo hizo depender de nuestra disposición a perdonar a otros. Él compartió esta expectativa con los discípulos en dos ocasiones diferentes. La primera se encuentra en el Evangelio de Mateo: "Porque si perdonan a otros sus ofensas, también los perdonará a ustedes su Padre celestial. Pero si no perdonan a otros sus ofensas, tampoco su Padre les perdonará a ustedes las suyas" (Mateo 6:14–15).

En segundo lugar, Cristo nos dio un ejemplo sobre cómo nuestra actitud de perdón debería estar directamente vinculada con el modo en que oramos. En Lucas 11:2–4, Él explica a sus discípulos: "Cuando oren, digan: «Padre, santificado sea tu nombre. Venga tu reino. Danos cada día nuestro pan cotidiano. Perdónanos nuestros pecados, porque también nosotros perdonamos a todos los que nos ofenden. Y no nos metas en tentación»".

En esta oración, extender perdón a otros nos abre la puerta para pedir a Dios que nos perdone. Tenemos el privilegio de pedir a Dios que nos perdone porque estamos en el proceso de perdonar a quienes nos han ofendido. Lo contrario es cierto si nos negamos a perdonar. Cierra la puerta al perdón de Dios, y abre la puerta al enemigo de nuestra alma.

Cuando Pedro oyó la enseñanza de Jesús sobre el perdón, preguntó: "Señor, ¿cuántas veces tengo que perdonar a mi hermano que peca contra mí? ¿Hasta siete veces? —No te digo que hasta siete veces, sino hasta setenta y siete veces —le contestó Jesús" (Mateo 18:21–22). Me resulta humorística la pregunta de

Pedro. En mi interior, yo estaría preguntando lo mismo. La respuesta del Señor debió de haber parecido abrumadora. Sin embargo, Jesús no se estaba refiriendo a meros números; estaba diciendo que el perdón es una actitud, un estilo de vida, una elección diaria.

Entonces, en Mateo 18, Jesús contó una historia a sus discípulos sobre un señor rico. Los tiempos eran difíciles, y el hombre rico quiso hacer cuadrar sus finanzas. Uno tras otro, llamó a cada uno de sus sirvientes a que rindiese cuenta del dinero que le debían. Uno en particular le debía millones de dólares. Cuando el señor le preguntó cómo iba a liquidar su deuda, el sirviente respondió: "No tengo los medios para pagarle lo que le debo".

El señor se enfureció y ordenó que toda la familia de ese sirviente fuese vendida como esclava para liquidar la deuda. El sirviente quedó destrozado y cayó de rodillas; le suplicó a su señor que ahorrase a su familia ese dolor y humillación. Dijo: "Tenga paciencia conmigo. . . y se lo pagaré todo" (v. 26).

Al ver que el sirviente estaba muy afligido, el señor sintió lástima por él, y dijo: "Te perdono tus deudas. Eres un hombre libre".

Después, ese sirviente iba caminando por la calle con un nuevo aire en su paso cuando de repente se encontró con otro sirviente. Ese sirviente le debía solamente cien dólares. El primer sirviente dijo: "Oye, ¿dónde está el dinero que me debes?". Entonces lo agarró por el cuello y comenzaba a ahogarle. "¡Me pagarás todo lo que me debes!". Entonces hizo lo impensable. Tras negarse a escuchar el ruego del sirviente pidiéndole que le extendiera el plazo para pagar, ordenó que lo metieran en la cárcel hasta que pudiera pagar su deuda.

Los otros sirvientes que estaban observando sintieron que el primer sirviente había actuado de manera dura e injusta. Por tanto, acudieron a su señor y le contaron todo lo que había sucedido. El señor se enojó, y llamó a ese sirviente a dar cuentas de sus actos. Le dijo: "Siervo malvado. Yo cancelé tu deuda. ¿Por qué no perdonaste al otro sirviente del mismo modo en que yo te perdoné a ti?". El señor entonces dio la orden de que metieran a ese sirviente en la cárcel y lo torturasen hasta que pudiera devolver todo lo que debía.

Entonces Jesús enfáticamente dijo a los discípulos: "Así también mi Padre celestial los tratará a ustedes, a menos que cada uno perdone de corazón a su hermano" (v. 35).

¿Por qué el Señor da una importancia tan elevada a nuestra disposición a perdonar a quienes nos han ofendido? Él quiere que experimentemos verdadera libertad. Perdonar a otros no es necesariamente para beneficio de ellos, es para nuestro beneficio. No es para la salud de ellos, es para la nuestra. Además, Él no nos pidió que hiciéramos algo que Él no estaba preparado también para hacer. Se nos dice: "de modo que se toleren unos a otros y se perdonen si alguno tiene queja contra otro. Así como el Señor los perdonó, perdonen también ustedes" (Colosenses 3:13).

Dios nos expresa su amor perdonando nuestros pecados. En esencia, Él dijo: "Perdonaré a los seres humanos todo lo que han hecho: adulterio, fornicación, inmundicia y lascivia; idolatría y brujería; odio, discordia, celos, arranques de ira, ambición egoísta, disensiones, divisiones y envidia; borrachera y orgías". La única condición para recibir perdón, aparte de pedírselo a Dios, es perdonar a otros como Él nos ha perdonado.

Es importante mencionar que si sientes que estás en una situación peligrosa ya sea emocionalmente o físicamente, necesitas ponerte en contacto con alguien que pueda ayudarte a alejarte del camino del daño. Puedes perdonar a alguien sin correr riesgos. Solamente porque perdonemos a alguien no significa que sigamos permitiendo que otros nos inflijan dolor. Debemos dar los pasos adecuados para asegurar nuestra seguridad.

Hasta aquí, hemos descubierto las consecuencias de albergar amargura y enojo hacia quienes nos han ofendido. Hemos estudiado el remedio de Cristo y su modelo de perdón. Hablar de perdón y emprender la acción son, sin embargo, dos cosas distintas. Por tanto, ¿cómo perdonamos cuando puede ser tan desafiante? ¿Cómo experimentamos verdadera libertad del pasado?

PASOS CRUCIALES PARA EL PERDÓN

Esto nos lleva a la pregunta más importante de este capítulo. ¿Cómo perdonamos a personas que nos han herido? Hay varias cosas prácticas que necesitamos tener en mente. Antes que nada, debemos reconocer que el perdón no es una emoción. *Es una decisión.* Hacemos la elección de liberar a quienes nos han herido. Los sentimientos pueden ser engañosos, especialmente cuando se trata de dolor. Por tanto, necesitamos asegurarnos de que nuestras elecciones estén guiadas por nuestra capacidad de pensar con claridad. En todos los casos, el perdón se trata de una elección, y una vez que decidimos, no cambiamos nuestra decisión.

A lo largo de los años, he hablado con parejas que han tratado la infidelidad matrimonial. En los casos en que uno de los cónyuges ha sido infiel, el matrimonio puede experimentar una sana recuperación dependiendo de la capacidad de perdonar del otro cónyuge. Si él o ella fue capaz de perdonar al cónyuge y soltar el pasado siempre que recordaba el error, su relación sanó y profundizó. Los cónyuges que no pueden perdonarse mutuamente, al final se encuentran apenas sobreviviendo, debido a que la falta de perdón produce un elevado nivel de desconfianza y paranoia.

En segundo lugar, el perdón no es una opción. *Es un mandamiento*. Siempre que el concepto de perdón se menciona en la Escritura, nunca está relacionado con un sentimiento o una sugerencia. Se usa como verbo y se da en forma de mandato. "Así como el Señor los perdonó, perdonen también ustedes" (Colosenses 3:13). "Si tu hermano peca, repréndelo; y si se arrepiente, perdónalo. Aun si peca contra ti siete veces en un día, y siete veces regresa a decirte «Me arrepiento», perdónalo" (Lucas 17:3–4).

En tercer lugar, el perdón no es normalmente instantáneo. *Es un proceso continuado*. Habrá días en que recordemos lo que alguien nos hizo y también el dolor que él o ella nos causó. Por esa razón, días, meses, y hasta años después del incidente, seguimos teniendo sentimientos de traición. Durante esos momentos, debemos recordarnos a nosotros mismos que estamos en un proceso de poner el pasado en el pasado. Aunque no podemos negar el modo en que nos sentimos, podemos decirnos que cada día escogemos vivir una vida sana y libre de amargura.

En cuarto lugar, recordamos que cuando nos sintamos abrumados por la traición de otros, *el Señor nos ayudará a atravesar la dificultad*. Él está ahí para aligerar nuestra carga. Jesús dijo: "Carguen con mi yugo y aprendan de mí, pues yo soy apacible y humilde de corazón, y encontrarán descanso para su alma" (Mateo 11:29). El Señor nos invita a dejar las pesadas cargas que llevamos a cambio de su ligero peso. Si quieres vivir una vida fructífera y experimentar todo lo que Dios quiere para ti, entonces practica el perdón. Libera tu enojo, amargura y dolor al Señor. Entrégaselo a Dios, y deja que Él lleve tus cargas.

El quinto y último aspecto del perdón es una acción que ayudará mucho en nuestra búsqueda de verdadera libertad. *Tu decisión de perdonar es algo que puedes escribir o decir en voz alta*. Si has llegado al punto en que quieres ser libre de toda amargura y enojo, si quieres ser libre de las cadenas que te han mantenido atado a quienes te han causado dolor y angustia, si hoy es el día en que quieres experimentar libertad de una sofocada vida de estar atascado en tu ciclón de ira, toma una hoja de papel y escribe una oración al Señor pidiéndole su ayuda para perdonar a quienes te hayan ofendido. Entonces, hacia el final, enumera sus nombres y di con voz audible: "[Inserta el primer nombre], te perdono". Haz esto mismo para cada persona que te haya causado dolor.

Cuando hagas un compromiso mediante la oración de perdonar, con el tiempo tus emociones reflejarán la elección que hayas hecho. Te sentirás menos enojado y amargado hacia quienes te hayan herido. Si te resulta difícil pronunciar las palabras de perdón, entonces haz una pausa, y vuelve a pedir a Dios que te ayude. Él lo hará. Pídele que quite tu carga y la sustituya por la de Él. Descubrirás que después de poco tiempo, la pesadez que tú llevas se aligerará, y lo que parecía ser una hazaña imposible será manejable.

Recientemente, tuve una conversación con Richard Larson, un hombre que pastoreó una iglesia en Panamá desde el año 1970 hasta 1978. Él tenía un programa de televisión que se emitía tres noches por semana. En un programa en particular, Larson compartió una historia de un libro titulado *None of These Diseases* [Ninguna de estas enfermedades], en el cual el autor escribía sobre una pareja que se mudó de la ciudad para jubilarse en un pequeño pueblo para llevar una vida tranquila.[3]

Después de unos meses, sin embargo, la pareja se aburrió y decidió comenzar a criar gallinas como pasatiempo. Pronto las gallinas comenzaron a poner huevos, y antes de que se dieran cuenta, tenían un negocio de huevos. El pequeño negocio los mantenía ocupados, y se convirtió en algo importante que ellos podían hacer con su tiempo libre.

Todo iba bien hasta que un joven que se graduó de la universidad con una licenciatura en Agricultura regresó a su pueblo natal para comenzar un negocio de huevos. Adquirió equipos nuevos y sofisticados, y compró las suficientes gallinas para empezar a producir huevos. Pronto su negocio sobrepasó a todos los otros granjeros en el pueblo. Finalmente, la gente comenzó a dejar de comprar huevos a la pareja de jubilados y comenzó a comprárselos al joven empresario.

La pareja se frustró. En sus mentes, aquello era una violación de la cortesía común. El joven empresario nunca tomó en cuenta lo que le estaba sucediendo al negocio de ellos. Aunque ellos estaban jubilados y producían huevos como pasatiempo, sentían que el joven había invadido su terreno. Lo que estaban disfrutando durante su jubilación les fue arrebatado.

En poco tiempo, ellos comenzaron a tener problemas de salud. El esposo fue al doctor, pero no se encontró nada conclusivo. El doctor comenzó a hacer preguntas sobre su estilo de vida, y descubrió que el hombre estaba amargado por el joven empresario que le había arrebatado todo su negocio.

El doctor dijo: "Bien, usted ha escogido entre su salud y guardar rencor. Mi recomendación es que lo suelte. Si no lo hace, esto va a terminar matándolo. Quién sabe, quizá ustedes tres podrían pensar en trabajar juntos, si es que aún quiere tener algo que hacer".

Al hombre no le gustó lo que el doctor dijo, pero decidió regresar a casa y hablarlo con su esposa. Después de pensarlo, llegó a la conclusión: "Ya que yo soy contable, quizá podríamos ser útil y darle al joven algunos consejos al respecto".

La pareja acudió al joven y le ofrecieron ayuda, y él aceptó amablemente su oferta. Sus problemas de salud comenzaron a desaparecer.

Cuando Larson concluyó la historia, miró a la cámara y dijo: "Hay alguien viéndome esta noche que tiene muchos problemas, y se debe a que no está perdonando a alguien que le ha herido. Quizá esa persona haya hecho algo que usted diría que es imperdonable. Quizá sea realmente algo malo, pero si no perdona usted a esa persona, va a destruirle, quizá hasta le mate". Entonces oró y concluyó el programa, que se emitió de nuevo una semana después un lunes en la noche.

Al jueves siguiente, el asistente de Larson recibió

una llamada telefónica. La voz que había al otro lado del teléfono dijo: "Por favor, envíe al pastor al hospital. ¡Necesito hablar con él enseguida!". El asistente transmitió el mensaje al pastor, quien se apresuró a ir al hospital panameño. Después de caminar por el pasillo, encontró la habitación y entró.

Allí, sentado en el borde de la cama del hospital, había un hombre con una sonrisa en su cara. Al principio, Larson se preguntó si estaba en la habitación correcta. *Si este hombre se está muriendo, ¿por qué sonríe? ¿Y por qué vine aquí apresuradamente para nada?* —pensó.

Entonces el hombre dijo: "Deje que le cuente lo que sucedió. Hace un tiempo, fui a Europa en un viaje de negocios. Estuve allí un mes. Cuando regresé, descubrí que mi esposa se había ido con mi mejor amigo. Entonces tuve una sola cosa en mi mente: destruir sus vidas. Me sentí muy enojado y amargado, y pronto me enfermé de muerte.

"Los doctores me diagnosticaron una rara forma de leucemia. Había solamente unos cuantos casos conocidos del tipo que yo tenía. Me dijeron que la única esperanza para un tratamiento decente estaría en Nueva York o en Europa, pero yo no podía permitirme eso. Así que terminé en este hospital".

El hombre siguió explicando que mientras estaba en la cama viendo la televisión, oyó a Larson relatar la historia sobre el criador de gallinas. Oyó la exhortación hacia el final del programa. Entonces se arrodilló al lado de su cama y le pidió a Dios que le ayudase a perdonar a su esposa y a su mejor amigo. En cuanto terminó de orar, sintió como si le hubieran quitado una pesada carga de sus hombros. Se sintió limpio por dentro. Se sintió como una persona nueva.

A la mañana siguiente, los doctores le sacaron sangre para algunas pruebas, y regresaron más adelante ese día con los resultados. Estaban sorprendidos al informarle de que la leucemia se había ido. Dijeron: "No sabemos lo que sucedió. No entendemos bien esta forma de leucemia, pero parece que ha desaparecido". Entonces hicieron más pruebas, pero los resultados fueron los mismos.

Larson me dijo después que los doctores no estaban seguros de lo que le sucedió a ese hombre antes de su visita al hospital. Sin embargo, una cosa es segura. Después de que él le pidiera a Dios poder para perdonar, su cuerpo comenzó a funcionar con normalidad.

Como mencioné anteriormente, el perdón es una decisión, no una emoción. Es una elección diaria. Es entender que si Jesús pudo perdonarnos todo lo que nosotros le habíamos hecho a Él, entonces seguramente nosotros podemos perdonar a otros. Como dice la Biblia: "Más bien, sean bondadosos y compasivos unos con otros, y perdónense mutuamente, así como Dios los perdonó a ustedes en Cristo" (Efesios 4:32).

LA BESTIA EN LA BELLA

La multitud comenzó a dirigirse hacia las salidas después de que concluimos la última noche de una cruzada en el extranjero. Mi coordinador ministerial se acercó a mí por el lateral del escenario y me dijo que algunos de los ujieres querían que orase por ellos individualmente. Yo estaba más que contento de poder hacerlo, ya que ellos habían servido con fidelidad a miles de personas durante el evento de toda la semana. Cuando nuestro equipo desconectó los sistemas de sonido y de luces, pregunté a cada ujier cómo podía orar por sus necesidades concretas.

Llegué a una joven que tenía sus ojos cerrados. Cuando me acerqué a ella para descubrir cómo podía orar por ella, ella lanzó un grito espeluznante.

Todos se quedaron helados. Todos nos enfocamos en ella, preguntándonos qué sucedería a continuación. No se dijo nada durante tres segundos, pero su cara reflejaba una ira diabólica.

Con sus ojos aún cerrados, ella me asestó un

golpe con sus uñas. Entonces respiró profundamente y gritó.

Se desplomó al piso y se echó hacia atrás alejándose de mí, lanzando arena al aire. Entonces se tapó los oídos y gritó: "¡No!" ¡No!". Afortunadamente, teníamos personas allí entrenadas para ayudar en la situación. Varios individuos la levantaron y se la llevaron a otro lugar apartado, donde nuestro equipo de consejería y oración pudiera atender a sus necesidades.

Unos veinte minutos después, ella volvió en sí. Es cuando confesó algunas cosas problemáticas acerca de su vida. Había sido obligada a entrar en la prostitución cuando era más joven. Vivió una vida de drogas y de abuso en una comunidad marginal, y aprendió a odiar a los hombres.

Dos semanas antes de la cruzada, entró en una iglesia local donde el pastor anunció que nuestro ministerio necesitaba voluntarios para el evento. Así que ella levantó su mano y se ofreció para ayudar. Antes de eso, ella no tenía ninguna relación con Jesucristo, y parece que nunca había perdonado a quienes habían abusado de ella. Las heridas y el daño emocional abrieron la puerta de su corazón al odio y la amargura. Satanás encontró una entrada.

La consejera se sentó con ella y le explicó la importancia del perdón. Le dijo: "El perdón no es una emoción. Es una decisión. Debes decidir perdonar cada día".

Durante el tiempo de oración que siguió, la joven pronunció audiblemente los nombres de los hombres que le habían herido, la habían violado y habían abusado de ella. Entonces llegó al puente más difícil de todos. Verbalizó su perdón hacia el hombre que le había causado tanto dolor cuando ella era más joven, quien la había obligado a entrar en la prostitución.

Cuando ella hizo ese avance, su vida cambió de modo dramático. Durante los días siguientes, comenzó a experimentar una nueva libertad. Comenzó a asistir a su iglesia local, y desde ese tiempo no ha tenido ningún otro suceso como el que experimentó aquella noche.

Sin duda, Jesús ha venido a liberar a los cautivos. Él viene a darnos vida y llevarse el tormento que nos mantiene en modo de supervivencia. Él dice en Juan 10:10: "El ladrón no viene más que a robar, matar y destruir; yo he venido para que tengan vida, y la tengan en abundancia". Este es el deseo de Dios y su plan para nosotros. Él quiere darnos vida, y no sólo que sobrevivamos en ella. La única manera en que podemos vivir la vida al máximo es cortando los vínculos que nos mantienen atados por la amargura y la ira. La única manera de ser libres de la amargura y la ira es perdonando. Por doloroso e injusto que pueda sonar, el perdón es el único camino hacia la verdadera libertad. Sólo cuando perdonamos a quienes nos han herido podemos experimentar vida sin cadenas.

¿Hay alguien en tu vida a quien necesites perdonar? Cuando recuerdas el incidente —las mentiras, la traición, la infidelidad—, ¿te enojas de igual modo que lo hiciste la primera vez? Si es así, no esperes para emprender la acción. Toma el poder que Dios te ofrece y úsalo para experimentar verdadera libertad.

Los principios del perdón son universalmente aplicables. Ya sea que necesitemos perdonar a otros, tratar la ira reprimida que tengamos hacia Dios, o dejar atrás el odio a nosotros mismos, liberar nuestra amargura es necesario a fin de dejar atrás el pasado.

Hasta aquí, hemos hablado sobre perdonar a otros, un proceso que es una piedra angular para el cambio. La última parte de este capítulo habla de la importancia de pedir perdón a otros.

HACER BORRÓN Y CUENTA NUEVA

La Biblia nos dice: "Más bien, sean bondadosos y compasivos unos con otros, y perdónense mutuamente, así como Dios los perdonó a ustedes en Cristo" (Efesios 4:32). Una cosa es perdonar a quienes nos han ofendido, y otra totalmente distinta hacer a un lado nuestro orgullo y pedir a alguien que nos perdone. Por alguna razón, la frase más difícil de decir es: "Yo estaba equivocado, perdóname". Algo increíble sucede, sin embargo, cuando pedimos ser perdonados. Eso restaura relaciones rotas y abre la puerta a nuestra restauración con Dios.

Dios ungió a David como rey sobre Israel y lo libró de la mano de Saúl. Dios le dio todo lo que un rey podría querer o necesitar. El Señor le dijo que Él le daría incluso más. Entonces, ¿qué se apoderó de David para que enviase a un hombre a la muerte para poder encubrir una adúltera aventura?

Cuando estaba en su terrado mirando el paisaje de su reino aquella noche de primavera, David no pudo evitar observar a la joven que se estaba bañando en su patio. Su nombre era Betsabé, una mujer de gran belleza. El mirón no era el único que disfrutaba del espectáculo. Seguramente ella sabía que David la estaba mirando. Cuando él llamó a Betsabé para que acudiera a pasar tiempo con él en palacio, ella estuvo de acuerdo sin dudar.

Después de su breve encuentro sexual, David la envió a su casa. Pasaron semanas, y ella le envió a decir que estaba embarazada. Inmediatamente, él elaboró un plan para encubrir su pecado. Envió un mensaje al comandante militar que estaba en el campo donde su esposo estaba situado: "¡Envíame a Urías heteo!".

El plan de David era persuadir a Urías para que regresara a su casa y estuviera con su esposa, para que Urías creyese que el bebé era hijo de él. Pero Urías era un soldado que tenía fuertes convicciones. En lugar de pasar tiempo con su esposa, escogió dormir a la entrada del palacio con el resto de los sirvientes del rey. Al día siguiente, David le invitó a cenar y le hizo quedarse hasta que estuvo borracho; entonces le envió a su casa. Aún así, Urías durmió otra vez en la entrada del palacio con los otros sirvientes.

El plan de David fracasó. Urías nunca durmió con su esposa, y el pecaminoso encuentro de Betsabé con David estaba a un paso más de explotarles en su misma cara. Por desesperación, el rey hizo algo horroroso. Ordenó a su comandante, Joab, que pusiera a Urías en las primeras líneas y le abandonase durante la batalla. Joab siguió las órdenes, y Urías murió intentando defender fielmente al rey que se había acostado con su esposa y maliciosamente le había enviado a la muerte.

Hasta la muerte de Urías, David pudo haber arreglado las cosas. Pudo haber hecho borrón y cuenta nueva, pero no lo hizo. En cambio, intentó ocultar su pecado. Se negó a arrepentirse, y eso hizo enojar al Señor.

En respuesta a su malvada conducta, Dios envió a un profeta llamado Natán a confrontar al rey y su retorcido corazón. Natán le dijo a David todo lo que él había hecho. Entonces le dijo lo que Dios iba a hacer debido a su falta de arrepentimiento.

Dios dijo:

"Por eso la espada jamás se apartará de tu familia, pues me despreciaste al tomar la esposa de Urías el hitita para hacerla tu mujer. Pues bien, así dice el SEÑOR: Yo haré que el desastre que mereces surja de tu propia familia, y ante tus propios ojos tomaré a tus mujeres y se las daré a otro, el cual se acostará con ellas en pleno día. Lo que tú hiciste a escondidas, yo lo haré a plena luz, a la vista de todo Israel"

(2 Samuel 12:10–12).

Cuando David oyó el veredicto del Señor, enseguida cambió su actitud. Se quebrantó y dijo: "¡He pecado contra el SEÑOR!" (v. 13). Al arrepentirse, David salvó su propia vida, pero no pudo salvar la vida del hijo que Betsabé dio a luz. Después de que el bebé naciese, fue golpeado por una enfermedad y a los siete días murió.

David era un creyente. Tenía una relación con Dios. Le adoraba y estudiaba sus leyes. Sin embargo, a pesar de su notable relación con el Señor, fracasó miserablemente y trató de encubrirlo. Sus actos egoístas causaron una reacción en cadena que se llevó las vidas de dos personas inocentes. Cuando David entendió que no había ningún lugar donde ocultarse, enseguida admitió su pecado. Hizo borrón y cuenta nueva, y su arrepentimiento produjo su redención una vez más.

Las consecuencias de nuestra terquedad pueden ser fatales. Las repercusiones de nuestra negativa a pedir perdón pueden ser perjudiciales para nuestro bienestar y para quienes nos rodean. Si volvemos nuestro corazón al Señor y hacemos borrón y cuenta nueva, Él es fiel para perdonar todas nuestras transgresiones.

¿Hay cosas que estés intentando encubrir? ¿Necesitas hacer borrón y cuenta nueva con alguien o con Dios? ¿Tienes problemas para dormir por la noche porque no has arreglado un error o un pecado que has cometido? Cuando ocultas tus errores, simplemente prolongas lo inevitable. Si sientes que hay problemas que necesitas solucionar, no tienes que pasar los días y noches mirando por encima de tu hombro. Hay un camino mejor. El camino de Dios puede ayudarte a experimentar la paz que buscas. Por tanto, ¿qué necesitas hacer? Ser limpio.

ARREGLAR LAS COSAS

Dios quiere que arreglemos las cosas con aquellos a quienes hayamos ofendido. Él no quiere que huyamos de nuestra responsabilidad. Eso requiere que nos traguemos nuestro orgullo. Puede que sintamos el impulso de estar a la defensiva y comenzar a señalar; eso solamente empeora las cosas y evita que caminemos en las bendiciones de Dios. En cambio, recuerda que el camino más rápido hacia la libertad es estar limpio y decir la verdad.

Hace varios años, Valerie, una atractiva alumna de escuela secundaria, encontró a Cristo y comenzó a asistir a una iglesia a unos pocos kilómetros de su casa. Sus padres no eran religiosos, pero apoyaron su nueva vida. A los dos años, Valerie era líder en el grupo de jóvenes. Tenía un don especial para alcanzar a los alumnos de su escuela. Debido a su corazón evangelístico, muchos jóvenes encontraron a Cristo.

Un día, conoció a un joven y atractivo doctor. Su conversación coqueta condujo a una primera cita, en la que él le dijo que estaba soltero. Con su rubio cabello y sus ojos azules, el joven enseguida la conquistó. Los dos comenzaron a verse ocasionalmente.

Ese año, él rentó una villa en las montañas, y le dijo a ella que se fuese con él en una escapada romántica. Ella estuvo de acuerdo con entusiasmo, y les dijo a sus padres que se iba a un retiro de fin de semana con su iglesia.

Seis semanas después, ella descubrió que su cita tenía consecuencias transformadoras. Estaba embarazada. Valerie entendió tristemente que no había modo de escapar. Preguntas inundaban su mente. *¿Qué pensarán mis padres? ¿Qué pensará mi iglesia? ¿Qué pensarán todos los jóvenes?*

Para empeorar aún más las cosas, cuando se lo dijo a su novio, él le contó la verdad: tenía esposa e hijos. Lo que parecía ser un romance creado en el cielo resultó ser una pesadilla elaborada en el infierno.

En las semanas siguientes, Valerie intentó razonar su error centrándose en lo que ella sentía que eran incoherencias en la iglesia. En lugar de confesarlo todo, ella señalaba al liderazgo y comenzó a difundir rumores sobre todos los hipócritas.

Unos cuantos meses después, ella no pudo seguir ocultando su error. Les dijo a sus padres lo que había sucedido, y pronto la iglesia también lo descubrió. Debido a su posición de liderazgo en el ministerio de jóvenes, el pastor y la junta la convocaron a una reunión. Ella anticipó la batalla de su vida.

La noche de la reunión, Valerie estaba sentada sola fuera del salón de conferencias, sintiendo que los líderes estaban tramando algo contra ella. Esperaba que ellos la estuvieran prejuzgando y planeando todo lo que iban a decirle. En su mente, ella pensó en cómo podría responder, y se puso en el lugar de ellos.

Finalmente, la puerta se abrió y alguien dijo: "Valerie, la junta está lista para verte ahora". Ella apretó los dientes y se puso en pie. Al entrar por la puerta, los miembros estaban en pie para recibirla. La saludaron con respeto y volvieron a sentarse.

El pastor juntó sus manos sobre la mesa delante de él y dijo: "Bueno, no hay manera fácil de decir esto. Sabemos que Dios nos ama a pesar de nuestros errores, y Él nos perdona sin importar lo que hayamos hecho. Lo que tú has hecho no es ningún secreto. Valerie, estamos decepcionados con tu conducta. Esto no es propio de ti. Lo que es peor, has mentido a todos y has engañado a los miembros de tu propio grupo de jóvenes. ¿Tienes algo que decir?".

Valerie estaba nerviosa, pero preparada para una batalla. Respiró profundamente y dijo con un ligero temblor en su voz. "Sí, tengo algo que decir. Yo no soy la única que comete errores. Esta iglesia está llena de hipócritas, y esta junta no es una excepción. Todo lo que se dice en estas reuniones de la junta se filtra al resto de la congregación. ¡Ya no hay nada sagrado! ¿Qué tienen *ustedes* que decir?".

Los miembros escucharon en silencio sus desvaríos. Cuando ella terminó, el silencio llenó la sala.

Entonces, la mujer que estaba sentada al lado de ella se inclinó un poco, puso su brazo alrededor de su hombro, y dijo suavemente: "Si supieras lo mucho que te queremos y lo mucho que hemos orado por ti, no dirías ninguna de esas cosas".

Valerie se quedó sorprendida. Sus ojos se llenaron de lágrimas, que corrían por sus mejillas. En segundos, ella se tapó la cara y lloró. "Siento mucho lo que he hecho. No sé en qué estaba pensando". Los miembros de la junta enseguida la rodearon y la abrazaron. Algunos distribuyeron pañuelos de papel para secar las muchas lágrimas que se derramaron.

Valerie entonces miró al pastor a los ojos y dijo: "Me

gustaría ponerme delante de la congregación y pedirles perdón también. Necesito dejar las cosas claras con todos, especialmente con los jóvenes de esta iglesia".

El pastor estuvo de acuerdo, y el domingo siguiente Valerie estaba en pie en la plataforma y le dijo a la iglesia lo que había sucedido. Les pidió perdón por su ilícita aventura amorosa y por haber difundido chismes. Cuando terminó, la iglesia la rodeó con un derramamiento de amor. Siete meses después, las mujeres de esa iglesia le hicieron a Valerie una de las mayores fiestas antes del nacimiento del bebé.

Valerie se reconcilió no sólo por la disposición de la iglesia a perdonarla, sino también por la disposición de ella a pedirles perdón. Ella fue transformada por seguir la guía de Dios al pedir perdón. Valerie contactó con el verdadero poder de Dios al confesarlo todo y arreglar las cosas con aquellos a quienes había ofendido.

Puede que estés diciendo: "Es demasiado tarde para mí. He cometido demasiados errores. El daño está hecho. Personas inocentes resultarán heridas si revelo lo que he hecho". Es cierto. Hay veces en que las deudas en las que nos hemos metido no pueden ser cubiertas solamente por nosotros. Es entonces cuando necesitamos que alguien nos ayude a resolver nuestros conflictos. Necesitamos la ayuda de Dios para salir de nuestro lío.

Escucha, amigo, no hay dificultad demasiado grande en la que Dios no pueda ayudarte. No hay nada demasiado catastrófico que Dios no pueda ayudarte a resolver. No importa lo que hayas hecho, Dios puede ayudarte a enmendar de nuevo tu vida. Cuando estés sobrepasado, pide a Dios ayuda.

TRÁIGANME EL CHEQUE

Cuando yo trabajaba como representante de ventas, mi territorio cubría una extensa zona de Orange County, California. Un día, para evitar el tráfico, llegué a los alrededores de la oficina de mi cliente con una hora de antelación. Salí de la autopista y encontré un lugar en una estructura de estacionamientos en un centro comercial cerca de donde iba. Mi cita era a las 11 de la mañana.

Mientras esperaba, recliné el asiento del auto y puse música suave. Al poco tiempo, me quedé dormido. Pasaron varias horas, y alrededor de las 2:00 de la tarde finalmente me desperté. Estaba totalmente desorientado, y me bajé con dificultad del auto para cruzar el estacionamiento y dirigirme a un restaurante. Mi cita perdida nunca se me pasó por la mente.

La amigable anfitriona me saludó en la puerta, me

situó en una mesa al lado de la ventana, y me llevó el menú.

Cuando la camarera llegó para tomar nota de lo que iba a comer, yo dije:

—Dígame, ¿qué plato tiene más cantidad de comida?

—Bueno, sería la ensalada Tostada.

—¿Qué lleva? —pregunté yo.

—Lleva de todo —dijo ella.

Yo tenía mucha hambre, así que lo pedí. Ella se llevó el menú y se dirigió a la cocina. Yo esperaba con anhelo mi festín.

Pasaron unos minutos, y ella regresó de la cocina con la creación culinaria más hermosa que yo había visto en mucho tiempo. Se parecía a una montaña de chisporroteante ternera, cerdo y pollo descansando sobre una cama de lechuga y frijoles refritos. En la base del volcán había una espesa capa de crema agria. Todo descansaba sobre una inmensa tortilla. Y encima, tenía esparcido queso cheddar y mozzarella que cubrían la carne como si fuese la nieve que viste las Rocosas en febrero.

Di gracias al Señor por los alimentos y me dispuse a comérmelos como si fuese el diablo de Tasmania. Unos cinco minutos después de mi aventura culinaria, recordé que no tenía dinero. Estaba sin blanca. No tenía tarjetas de crédito, ni dinero en efectivo, y en aquellos tiempos nadie tenía teléfono celular. Me desperté en ese momento.

Cuando yo era adolescente, trabajé lavando platos en la cocina de un restaurante. Una vez, entró una pareja y no pudo pagar la cuenta. El gerente los puso bajo arresto domiciliario. Mientras yo estaba allí sentado sin nada de dinero, pensé: *El gerente me va a arrestar*. Aunque estaba alterado por cómo iba a pagar la cuenta, seguí comiendo.

Es interesante, ¿no es cierto? Muchas veces nos encontramos haciendo lo que sabemos que nos meterá en problemas mayores. Cuando ya había terminado la mayor parte de la comida, me había imaginado acorralado, y no había escape. Fue entonces cuando oré: "Realmente necesito tu ayuda, Señor. No tengo dinero; no tengo tarjetas de crédito. No tengo manera de contactar con alguien que pueda ayudarme. Por favor, ayúdame".

En ese momento, miré hacia abajo y divisé algo. Allí, encima de un trozo de lechuga había un diminuto cabello negro y rizado.

En ese momento, la camarera regresó y preguntó:

—¿Cómo va todo?

—Todo estupendo, excepto que hay un pequeño cabello aquí —dije yo mientras lo señalaba.

Ella miró el plato y casi se atragantó. Dijo:

—¡Vaya! ¡Esto es terrible! ¡Me ocuparé de esto ahora mismo!

Agarró el plato y atravesó rápidamente la puerta de la cocina. Ya que el restaurante estaba bastante vacío, yo podía oír que elevaba su voz y dejaba el plato de un golpe en la encimera.

Unos minutos después, regresó y dijo:

—Lo siento mucho. Realmente queremos compensarle. ¿Qué le gustaría en lugar de la ensalada Tostada?

En ese punto, yo ya me había comido casi toda mi comida, y realmente no tenía hambre, así que dije:

—Lo cierto es que ya no tengo apetito.

—Bien —dijo ella—, el restaurante ha decidido cubrir el costo de su comida.

—No, no —dije yo—, eso no es necesario. Insisto en pagar. (¡Como si tuviera alguna manera de hacerlo!).

—Lo siento, señor —dijo ella—, pero el gerente ya ha eliminado su plato. Si usted lo pagara ahora, descuadraría nuestro sistema de contabilidad.

Mi cuenta había sido pagada. Mi deuda había sido perdonada. El restaurante me había librado de todos los cargos, y yo salí de allí siendo un hombre libre.

De la misma manera, Cristo pagó una cuenta que ni tú ni yo éramos capaces de pagar. La Biblia dice: "Ustedes fueron comprados por un precio; no se vuelvan esclavos de nadie" (1 Corintios 7:23). Debido a que Él perdona nuestros pecados, podemos irnos libremente sin las cargas espirituales que pesan sobre nosotros. Solamente Jesús puede librarnos de los cargos.

Quizá nunca le has pedido perdón al Señor por cosas que has hecho. Quizá hayas hecho cosas que nadie conoce, y llevas una culpabilidad muy arraigada. Hay un modo de experimentar verdadera libertad del pasado, y ahora es el momento perfecto para experimentarla. No tienes por qué continuar llevando el peso. Las cargas del pasado no tienen que ser una parte permanente de quién eres. Puedes ser libre de todo lo que te retiene, especialmente tus errores del pasado.

Dios es tu amigo, y Él te extiende su mano amiga en este momento. Él te ofrece perdón; por tanto, tómalo y permite que Él obre en ti. Por medio de este proceso, verás que su sanidad, su poder y su amor son reales.

Perdonar a otros es liberador y capacitador. No perdonar nos mantiene emocionalmente conectados con quienes nos han hecho daño. Y pedir perdón es crucial para el espíritu y el alma. Experimentar perdón es transformador. Nos libera de un gran peso que llevamos.

Al concluir este capítulo, pide al Señor que te dé la fortaleza para perdonar a las personas a quienes necesitas perdonar. Si hay cualquier cosa oculta en tu corazón que necesites confesar al Señor, toma unos momentos y pídele que te ayude a hacer borrón y cuenta nueva haciendo esta oración:

Señor, sé que no he vivido una vida perfecta. Estoy seguro de que ha habido veces en que te he herido, y te pido que me perdones. También te pido que me perdones por haber herido a otras personas: en relaciones pasadas, a mis familiares, y a personas que una vez fueron mis amigos. Al pedirte que quites todos los cargos en mi contra, conscientemente decido perdonar a todos los que me han herido. Al igual que tú me has perdonado, escojo perdonar a otros lo que me han hecho. Señor, dame la fortaleza para ser una persona que perdona, y ayúdame a vivir una vida libre de amargura y enojo. Te pido que me des tu carga que es ligera, para que pueda vivir la vida al máximo. Te pido estas cosas en tu precioso nombre. Amén.

CAPÍTULO 6

Vence con la ayuda de otros

H ACE VARIOS AÑOS, mi familia estaba celebrando una de nuestras épocas favoritas del año: la Nochebuena. Nuestras hijas —de ocho, diez y doce años de edad— estaban emocionadas por vestirse para la celebración. Cada una de ellas pasó tiempo peinándose, poniéndose brillo labial, y rociándose brillo.

Mi esposa, Cindee, cocinó un gran pavo, lo cortó en rodajas, y lo sirvió sobre la mesa cerca del árbol. Encendió ocho velas en la sala y puso dos de ellas en candelabros de pared. Para aumentar la atmósfera de la celebración, nuestro árbol de Navidad natural estaba hermosamente decorado con más de ochocientas lucecitas centelleantes. Era un ambiente ideal para una importante noche familiar.

Cuando terminamos de cenar, abrimos la Biblia y leímos la historia del nacimiento de Jesús en Lucas 2. A medida que se desarrollaban nuestras festividades de Nochebuena, mi esposa me pidió que apagase las velas, lo cual hice, y entonces vimos la película *Solo en casa*. Alrededor de las 11:00 de la noche, nos retiramos.

Las niñas no se podían dormir. Sabían que unas horas después, la familia comenzaría a abrir regalos el día de Navidad. Después de todo, esa era nuestra tradición familiar.

A las 7:00 de la mañana siguiente, yo salí a correr unos tres kilómetros mientras el resto de la familia seguía durmiendo. En cuanto regresé, mis hijas me recibieron en la puerta. Yo hubiera preferido darme un baño antes de abrir regalos, pero nuestras niñas no podían esperar ni dos minutos más, y menos aún veinte. Se habían ganado el derecho de proceder de inmediato. Mi hija mejor agarró mi mano y dijo: "Vamos, papá", y me condujo a la sala.

Tras un largo rato de abrir regalos y separar la basura de los regalos, yo dije: "Bueno, ya no puedo aguantar más. Tengo que darme un baño". Así que me excusé y me dirigí al cuarto de baño.

Después, salí de la bañera, agarré una toalla, y comencé a secarme. Casi había terminado cuando oí a mi hija mayor, Celina, en la sala. Pude notar por su tono que algo no iba bien. Ella gritó: "Mamá, papá, ¡vengan rápido!". Volvió a decirlo, esta vez añadiendo: "¡Hay fuego en la sala!".

Cuando ella dijo "fuego en la sala", yo pensé: *El árbol está ardiendo.*

Sin pensarlo dos veces, me puse la toalla alrededor de la cintura y salí al pasillo. Una inmensa nube de humo salía de la sala hacia el pasillo. Como un súper héroe parcialmente vestido, salté del pasillo a la sala. Cuando aterricé, miré en dirección al árbol esperando ver una hoguera. Pero estaba intacto.

Perplejo, miré por la sala para detectar el origen del humo. Eché un vistazo a mi derecha, y vi que una guirnalda que estaba enrollada en la base del candelabro de pared estaba ardiendo.

La llama tenía aproximadamente medio metro de altura y ardía hacia las cortinas. Para empeorar aún más las cosas, varios centímetros por encima de las cortinas había un techo de vieja madera, unos quince centímetros por debajo del caliente tejado de metal. Yo sabía que tenía alrededor de un minuto para apagar la llama antes de que llegase a las cortinas, y después al techo. En ese punto, la casa quedaría envuelta en llamas.

Busqué algo que pudiera utilizar para apagar la llama —una almohada o un cojín del sofá—, pero no había nada cerca. Entonces recordé que yo llevaba puesta una toalla mojada. Así que me la quité, quedando totalmente expuesto a los elementos, y comencé a golpear la llama delante de una audiencia de cuatro señoritas. Después de tres o cuatro golpes, el fuego quedó apagado, y yo retrocedí y clavé la toalla al piso como si fuera un balón de fútbol americano después de un touchdown.

Ninguna otra cosa excepto humo salía del candelabro.

Ahí estaba yo, en toda mi gloria.

Por alguna extraña razón, el tiempo no pasó rápidamente. Me giré, y mis tres hijas tenían cubiertas sus caras con las manos. Pensé: *Bueno, van a necesitar terapia después de haber visto esto.* Respiré profundamente y dije: "Muchachas, mantengan sus ojos tapados; el bombero desnudo tiene que vestirse". Recuerdo caminar hacia mi cuarto en cámara lenta. Después de ese tipo de hazaña y de haber salvado la situación, uno se siente bastante bien consigo mismo.

Me vestí y regresé a la sala. El rancio olor a

guirnalda quemada inundaba la habitación. Al observar el humo que se disipaba lentamente, se me ocurrió que alguien debió de haber estado jugando con cerillas y comenzó el fuego. Estaba decidido a descubrir al culpable. Elevando mi tono de voz para asegurarme de que todos me oyeran, dije: "Alguien estaba jugando con cerillas, y quiero saber quién era. El único fuego que teníamos en esta sala era el que mamá encendió anoche. Después ella me pidió que apagase las velas, y yo lo hice. . .".

En ese momento, un pensamiento inquietante cruzó por mi mente. *Ah-oh. ¡Vaya!*

Cuando me fui a la cama la noche anterior, pensé que todas las velas estaban apagadas, pero parece que no lo estaban. Me había acercado a las que parecían estar iluminadas, pero cuando miré a aquella vela en particular desde alguna distancia, no daba ninguna luz. Su llama azul era indetectable. Así que nunca la apagué. La vela, que estaba a la altura de los ojos, se quedó ardiendo toda la noche hasta la mañana de Navidad. Cuando se partió en dos, la cera cayó sobre la guirnalda, y la pequeña llama encendió la decoración de Navidad.

Si no hubiera sido por mi hija, que pasó por la sala aquella mañana, la casa entera podría haber quedado abrasada. Mi hija vio cosas que yo nunca vi, y ella me advirtió de un inminente desastre.

De muchas maneras, ella realizó la tarea de alguien que está en un grupo para rendir cuentas. Ella llamó mi atención a algo que podría haber causado destrucción a mi vida. Sin personas que nos ayuden a ver las cosas que nosotros no podemos ver, algo catastrófico podría estar a la vuelta de la esquina. Por ese motivo necesitamos establecer un grupo de amigos de confianza que nos guíen cuando no podemos ver con claridad.

Al comienzo de nuestro viaje, descubrimos que la transformación sólo llega cuando nuestra razón para el cambio —nuestro *porqué*— es mayor que cualquier excusa que podamos crear. Enseguida entendimos que sin la ayuda de Dios para transformar nuestras percepciones, cambiar los patrones destructivos en nuestra vida es una tarea imposible. Por eso le entregamos a Él las riendas de nuestra vida. Después de enfocarnos en los patrones que nos produjeron daño, formamos nuevos y buenos hábitos para sustituir a los destructivos. Entonces, con el poder que hemos obtenido por medio de una relación verdadera con Cristo y los hábitos que producen bendición, dimos el paso crucial de soltar el pasado y pedir perdón a otros.

MANTENER BUENAS COMPAÑÍAS

A continuación hablamos de la importancia de rodearnos de personas que nos empujen en lugar de quienes nos derriben. Este es el sexto y último paso en nuestro proceso de transformación. Concretamente veremos varios peligros de intentar avanzar sin la ayuda de personas piadosas. También hablaremos sobre cómo la honestidad y la fortaleza de otros pueden capacitarnos para romper las barreras que afrontamos. Finalmente, veremos las características de un grupo de amigos de confianza que pueden apoyarnos. El proceso que descubrirás en las páginas siguientes vigorizará tu campaña para el crecimiento personal y te ayudará a remontarte por encima de las cosas que te retienen.

A lo largo de los años, he notado que hay tres graves consecuencias de no tener un grupo de amigos de confianza. Vamos a enfocarnos en la primera consecuencia para poder evitar avanzar en la dirección equivocada.

1. Sin amigos piadosos, tendemos a desviarnos del curso

Hace más de veinticinco años, un 747 salió del aeropuerto internacional JFK y se alejó 4.200 millas. Después de repostar en Anchorage, Alaska, partió para otro país. Poco después del despegue, el avión se desvió de su curso un grado hacia el norte. Con el paso del tiempo, salió del espacio aéreo internacional. Aviones de combate salieron para interceptar al jet, porque el Ministerio de Defensa del país confundió al avión con un avión espía. Finalmente, el avión salió del espacio aéreo de ese país y regresó a aguas internacionales.

Volando a una altitud de treinta y cinco mil pies, la tripulación de veintitrés personas, junto con cientos de pasajeros, no tenían idea alguna de lo que iba a suceder. Unas cuatro horas después del despegue, el avión se había desviado casi 185 millas de su curso. Una vez más entró en un espacio aéreo no autorizado, y aviones de combate salieron a interceptarlo. Esta vez, el centro de mando ordenó la destrucción del objetivo. Un misil golpeó el fuselaje del 747, y se perdió la presión de cabina. El avión descendió en espiral, y a los pocos minutos cayó al mar. Las 269 personas que iban a bordo, incluyendo pasajeros y tripulación, se perdieron.[1]

Pensemos en las consecuencias de cometer un error de navegación de un grado. Un error de un grado al comienzo de un vuelo es minúsculo. Después de cuatro horas de tiempo de vuelo (más de dos mil millas recorridas), la diferencia ya no era minúscula, sino enorme. Ciento ochenta y cinco millas es casi la anchura del estado de California. La consecuencia de desviarse del curso fue la pérdida del avión y de todos los que iban a bordo. El fallo en la comunicación entre la torre de control y la tripulación dio como resultado una de las mayores tragedias en la historia de la aviación.

Cuando intentamos vivir la vida solos, sin la ayuda de otros, también nosotros podemos terminar en un lugar peligroso. Sin una buena corrección, con el tiempo podemos desviarnos kilómetros de nuestro curso. Yo he observado a hombres piadosos que pensaban que podían resistir la tentación llegar a enredarse en las garras de la pornografía. He visto a buenos amigos que estaban convencidos de que habían dejado un vicio mortal caer otra vez en la adicción a las drogas. He visto a demasiadas personas alejarse de una maravillosa relación con el Señor. ¿Qué tenían en común todos ellos? No tenían grupos de personas para rendir cuentas de sus actos.

No fuimos creados para estar solos (Génesis 2:18). Dios nos hizo a propósito para ser parte de un cuerpo (1 Corintios 12:12). Especialmente cuando no podemos ver el camino que hay por delante, necesitamos depender de un grupo especial de personas piadosas que nos guíen por las montañas y por los valles. La Escritura nos dice: "Hermanos míos, si alguno de ustedes se extravía de la verdad, y otro lo hace volver a ella, recuerden que quien hace volver a un pecador de su extravío, lo salvará de la muerte y cubrirá muchísimos pecados" (Santiago 5:19–20).

Cuando no tenemos idea alguna de cómo negociar nuestro camino a través de las dificultades de la vida, un grupo de amigos de confianza es uno de los mayores regalos de Dios para nosotros. Y esos amigos pueden ser útiles aun cuando las cosas van bien.

Rick llegó a la cruzada al aire libre completamente colocado. Al principio, me lanzó insultos a mí mientras predicaba, pero pronto se calmó y escuchó el mensaje. Algo poderoso sucedió en su vida aquella noche. Con cada paso que él daba hacia el altar, las cadenas que atenazaban su corazón comenzaron a caer. Cuando llegó al frente para orar, caían lágrimas por sus mejillas.

Mientras yo oraba, se quitó su gorra y repitió la oración de arrepentimiento. Cuando dije "amén", él levantó sus ojos al cielo y yo vi una drástica diferencia en su expresión. El joven carpintero había experimentado un poderoso encuentro con Dios. Cuando se fue de la cruzada, era una persona distinta.

La semana siguiente, él entró en una clase de escuela dominical en una iglesia local. Se sentó, abrió su Biblia, y tomó muchas notas. Cuando el pastor preguntó si alguien tenía alguna pregunta, Rick levantó su mano y preguntó qué versículos hablaban sobre edificar fortaleza para vencer la tentación. Meses después, el resto de su familia también asistía a la iglesia. La noticia de su conversión se difundió por todo el barrio.

Un día, él se acercó al pastor de la iglesia y dijo: "Siento que Dios me está llamando a ayudar en alguna clase de ministerio. ¿Qué puedo hacer?". Aunque el pastor se agradó de eso, también estaba algo renuente; después de todo, Rick nunca había querido unirse a alguno de los grupos pequeños de su iglesia.

Al día siguiente, yo llamé a ese pastor y dije: "Tengo necesidad de alguien que pueda coordinar la logística para montar el equipo de nuestra cruzada. Necesitaría a una persona durante un periodo de tres días cada dos meses. ¿Tiene a algún voluntario?".

El pastor inmediatamente pensó en Rick, el carpintero. Me dijo: "Recomiendo mucho a este hombre. Hace un buen trabajo con sus manos; sin embargo, tenga cuidado. Asegúrese de que se relacione bien con el resto de su equipo. Él puede ser en cierto modo un llanero solitario". Yo archivé sus comentarios en un segundo plano en mi mente e invité a Rick a unirse al equipo para nuestras cruzadas.

Rick comenzó a viajar con nosotros por todo el país, montando y desmontando nuestro equipo de cincuenta toneladas. La última noche de cada cruzada, él se ponía en la plataforma frente a miles de personas y daba su testimonio. Compartía con pasión cómo Dios le había liberado de una vida de drogas y de violencia pandillera. Multitudes eran profundamente conmovidas por la genuina historia de un joven que encontró esperanza en un mundo sin esperanza. Sin duda alguna, Dios había bendecido a este joven. Había solamente un problema. Él seguía llevando equipaje de su vieja vida; el pecado oculto estaba destruyendo su vida, pero él seguía sin tener un grupo de amigos de confianza con quienes pudiera ser sincero en cuanto a sus luchas.

Nunca olvidaré el día en que recibí la llamada telefónica. Rick, el joven carpintero lleno de vitalidad, lloraba como un bebé al otro lado de la línea. Me rogó que me reuniera con él. Sin dudarlo, atravesé la ciudad para reunirme con él y su pastor. Él confesó que había vuelto a esnifar adhesivo de goma y pegamento. Oramos juntos y hablamos de ello. Le convencí de que Dios le amaba y le perdonaba; pero yo sabía que una cosa más era necesaria. Él necesitaría una red de amigos ante quienes rendir cuentas. Al final de la reunión, él dijo: "Me siento mucho mejor. Me siento estupendamente". Yo le advertí con firmeza que su bienestar dependía de construir un fuerte grupo de personas para que le ayudasen en los momentos difíciles de tentación.

Pasaron semanas, y no volví a saber de él. Cuando llamé a su pastor, él me dijo que Rick llevaba dos semanas sin ir a la iglesia. Parecía que estaba luchando de nuevo. Las semanas se convirtieron en meses, y los meses se convirtieron en años.

Un día, Rick llegó a mi casa. El drogadicto ultra delgado que encontré ese día ni se comparaba con el joven musculoso que anteriormente había viajado con nuestro equipo para proclamar esperanza a otros. Él había caído otra vez en los viejos patrones de autodestrucción. Sin el apoyo de amigos piadosos, se había atrincherado una vez más en una vida de abuso de sustancias y de delincuencia.

Un grupo de amigos de confianza puede ayudarnos a evitar desviarnos de nuestro curso. Cuando ellos nos hacen volvernos del error de nuestro camino, nos salvan de la muerte y cubren multitud de pecados. Si sientes que tu vida se ha desviado de la dirección que sabes que deberías tomar, quizá sea momento de reevaluar el curso en que estás y los amigos que has escogido.

2. Sin amigos piadosos, caemos en relaciones malsanas

La segunda consecuencia de no tener un grupo de amigos piadosos es que con frecuencia tendemos a relacionarnos con personas que terminan haciéndonos daño. Es una tragedia cuando personas buenas permiten que sus vidas sean destruidas por amistades malsanas. En lugar de alentarse unos a otros de manera piadosa, esos amigos se estimulan unos a otros hacia una vida de autodestrucción. La Escritura nos dice:

De los labios de la adúltera fluye miel;
su lengua es más suave que el aceite.
Pero al fin resulta más amarga que la hiel
y más cortante que una espada de dos filos.
Sus pies descienden hasta la muerte;
sus pasos van derecho al sepulcro.
No toma ella en cuenta el camino de la vida;
sus sendas son torcidas, y ella no lo
reconoce.

(Proverbios 5:3–6).

Yo he tenido amigos que tenían intención de vivir vidas piadosas, pero debido a que se relacionaron con las personas equivocadas, se expusieron a sí mismos a un mundo de abuso de sustancias. Hasta el día de hoy, no han sido capaces de ser libres de las tenazas del alcoholismo. Siempre que escogemos estar con personas cuyos estándares no son sanos, pagamos un importante precio. Recuerda esta importante verdad: no puedes evitar llegar a ser como las personas con las que pasas más tiempo.

Ron de repente cayó al suelo. Su respiración era superficial, y un minuto después lo cubrió un sudor frío. Sintió como si alguien estuviera sentado sobre su pecho. Tras cuarenta y cinco minutos tirado en el piso de su oficina aquella tarde de sábado, lentamente se fue poniendo en pie y logró llegar hasta su auto. Se registró él mismo en el hospital, donde los doctores le hicieron una serie de pruebas.

Después de doce horas, los doctores sintieron confianza en que no había tenido un ataque al corazón; pero le hicieron una firme advertencia: "Ron, si no deja de fumar, no estará aquí para advertir a sus nietos de los peligros del tabaco".

Dos días después, Bill, uno de los miembros del

equipo de responsabilidad de Ron, le preguntó cómo se sentía. Él respondió:

—Los doctores no creen que haya tenido un ataque al corazón, pero me advirtieron. . . —siguió tartamudeando— Bueno. . . me advirtieron que dejase de fumar.

—¿Qué? —exclamó Bill—. ¿Has dicho 'dejar de fumar'?

Ron agachó su cabeza y asintió.

—¿Cuándo comenzaste de nuevo a fumar? —preguntó Bill.

—Hace aproximadamente un año —respondió Ron.

—¿Cómo sucedió? —le dijo Bill.

Ron le explicó que tras largas horas de reuniones en un viaje de negocios, él y algunos compañeros de trabajo se fueron al bar y abrieron un paquete de cigarrillos. Él nunca pensó que una vez arruinaría sus quince años sin fumar. Pero eso fue, de hecho, lo que ocurrió. Cada noche, después de que terminasen sus reuniones de negocios, todos se iban al bar y aliviaban su estrés con un poco de relajación líquida y unos cuantos cigarrillos. Cuando terminó esa tarea de dos semanas, Ron había vuelto a fumar un paquete diario. Él nunca tuvo problema con la bebida, pero el fumar fue suficiente para acortar su vida en unos treinta años.

Con un sentimiento de responsabilidad de hermano, Bill hizo la pregunta que ninguno de sus compañeros de trabajo se atrevía a hacer.

—Entonces, ¿cuál es tu plan para dejar el hábito?

—Mi plan es fumar sólo un cigarrillo al día —dijo Ron.

Entonces Bill puso su mano sobre el hombro de Ron, le miró a los ojos y le dijo:

—¡Tu plan no es lo bastante bueno!

Ron le miró sorprendido.

—Por el contrario —continuó Bill—, escribe una carta a tus hijos que explique que amas los cigarrillos más que a ellos. Cuando mueras, yo les daré la carta. De hecho, quiero que escribas las palabras: 'Papá está muerto, porque amaba los efectos de la nicotina más de lo que amaba tu abrazo'.

La expresión en el rostro de Ron lo decía todo. Se sintió ofendido y horrorizado. Dijo:

—Pero, Bill, eso no es cierto.

—¡Sí que lo es! —respondió Bill—. Tus hijos me preguntarán: '¿Por qué se ha ido papá?'. Y yo realmente no quiero decirles la verdad. Prefiero que se la digas tú. Así que escribe esa carta, y tienes mi palabra de que se la daré a tu esposa y a tus hijos en tu funeral.

Aquellas fueron palabras duras. Pero a veces las

personas necesitan que les lancen un jarro de agua helada a la cara para ayudarles a descubrir la verdad. Afortunadamente, Ron entendió el cuadro. Tuvo un momento de despertar como resultado de su relación con un miembro de su grupo de responsabilidad. Desde aquel momento, se las ha arreglado para refrenarse de la tentación de fumar.

Las personas que no sacan lo mejor de nosotros pueden resucitar patrones destructivos que pensábamos que ya estaban muertos. Las personas incorrectas inevitablemente nos arrastrarán, alentándonos a hacer cosas inmorales, y nos llevarán a la tentación. Por el contrario, necesitamos amigos que nos alienten de maneras sanas.

Los amigos de los que te rodeas o bien te alentarán a vivir una vida piadosa, o te distraerán de vivirla. Por eso la Biblia dice:

No formen yunta con los incrédulos. ¿Qué tienen en común la justicia y la maldad? ¿O qué comunión puede tener la luz con la oscuridad? ¿Qué armonía tiene Cristo con el diablo? ¿Qué tiene en común un creyente con un incrédulo? ¿En qué concuerdan el templo de Dios y los ídolos? Porque nosotros somos templo del Dios

viviente. Como él ha dicho: «Viviré con ellos y caminaré entre ellos. Yo seré su Dios, y ellos serán mi pueblo». Por tanto, el Señor añade:
«Salgan de en medio de ellos
    y apártense.
No toquen nada impuro,
    y yo los recibiré».
«Yo seré un padre para ustedes,
    y ustedes serán mis hijos y mis hijas,
    dice el Señor Todopoderoso».
                    (2 Corintios 6:14–18).

¿Sientes alguna vez que tus amigos te derriban en lugar de levantarte? Quizá sea momento de evaluar a las personas a las que llamas amigos.

3. Sin amigos piadosos, tomamos decisiones que finalmente lamentamos

Cuando no hay nadie a nuestro alrededor para guiarnos, a veces tomamos decisiones que más adelante lamentamos. Por eso es imperativo permitir que otros nos ayuden a permanecer en el curso correcto. La Biblia nos dice: "El que con sabios anda, sabio se vuelve; el que con necios se junta, saldrá mal parado" (Proverbios 13:20). Esos amigos sabios nos alientan a tomar decisiones que están en armonía con la dirección apropiada para nuestra vida. Si carecemos de la influencia de personas piadosas, con frecuencia las decisiones que tomemos conducirán a resultados que no son para nuestro mejor interés.

Yo viajé con mi esposa y un equipo de estudiantes a un país extranjero, y nos quedamos en la escuela bíblica en la capital. El clima tropical era abrumador. Entre el calor y la humedad, teníamos que beber una enorme cantidad de agua cada día para mantenernos hidratados. Tras una semana de clases, uno de nuestros profesores preguntó a los diez estudiantes si alguno de nosotros quería predicar en una iglesia local. Yo levanté mi mano con entusiasmo.

Después de despedir a la clase, me acerqué al frente y le pregunté:

—¿Cuántas personas asisten a la iglesia?

—Unas 140 —dijo él.

—¿Dónde está situada la iglesia? —le pregunté.

—En las afueras de la ciudad —replicó él.

—¿Hay alguna actividad especial esa noche? —pregunté.

Él lo desmintió con su cabeza.

—¿Cómo debería prepararme para este mensaje?

Su respuesta reflejaba la frustración de un padre al que le han hecho demasiadas preguntas.

—¿Por qué no confías en Dios? —preguntó él.

Yo sonreí y me fui.

Aquel miércoles en la noche, diez de nosotros nos metimos en una minivan con un motor de cuatro cilindros. Nos dirigimos a una ciudad llamada Linda Vista. En mi lugar de origen, sólo los ricos tienen una *linda vista*. Unos tres kilómetros antes de llegar a nuestro destino, comenzamos a ascender una pendiente de un 10 por ciento. La minivan no subía con mayor rapidez que quienes caminaban hacia su casa desde la parada del autobús. Yo pensé que quizá tendríamos que bajarnos y empujar. Después de varios minutos, finalmente llegamos a la iglesia. Ciertamente, era Linda Vista, pero yo no vi mucha riqueza en la comunidad marginal.

Cuando salimos del vehículo, oímos a personas en la iglesia que ya estaban aplaudiendo al son de la música aunque quedaban diez minutos para el comienzo del servicio. Entramos por la puerta principal y vimos que el santuario estaba totalmente lleno. Había asientos reservados para nuestro grupo, pero había solamente una cosa que parecía no estar bien; además de los diez compañeros estudiantes, algunos adultos, y nuestro profesor (quien me había dicho que confiase en Dios en mi preparación para el servicio), nosotros éramos los únicos en aquella multitud que sobrepasábamos los diez años de edad.

Por un momento, pensé que estaba en el lugar equivocado. Enseguida salí para mirar la puerta. En efecto, sobre ella estaba la palabra *Capilla*. Caminé por el pasillo central, mirando a mi derecha y a mi izquierda. Veía que los pies de los niños apenas tocaban el piso. Me sentí como el Gigante verde. Parece que el pastor había pensado que debido a que éramos un equipo de personas jóvenes, haríamos una estupenda presentación para los niños de su iglesia.

Un muchacho captó mi atención. Tenía unos ocho años de edad y llevaba puesta una cazadora roja y pantalones vaqueros. La seria mirada que había en su cara estaba acentuada por su corte de cabello de estilo militar. Cuando comencé a hablar, sus grandes ojos marrones parecían atravesarme. Tenía una expresión de desesperanza. Cuando todos se reían, él permanecía insensible. Cuando la multitud gritaba "¡amén!" él no decía nada. Solamente miraba hacia delante.

Cuando concluí el mensaje, despedí a la multitud y me acerqué al muchacho. Él me evadió y enseguida se fue por el pasillo. Mientras se dirigía hacia la salida, le pregunté al pastor si podía decirme algo sobre ese jovencito.

Él me dijo: "Sí. Su madre era prostituta, y no tenía amigos ni familia. Se quedó embarazada, y después de que él naciera lo abandonó en la calle y se fue. Él fue de orfanato en orfanato. Últimamente se ha estado quedando con una familia que tiene un cuarto extra. Lamentablemente, su madre hizo malas elecciones que le perseguirán el resto de su vida".

Yo caminé hacia la parte trasera de la iglesia, me senté en los escalones que daban a la acera, y observé a ese niño de ocho años desaparecer en la oscuridad de una ciudad empobrecida. Estaba convencido de que la vida de él no era un error. El mayor error de su madre no fue quedarse embarazada o estar en las calles como prostituta. Fue abandonar a su hijo. Quizá familiares y amigos le habrían comunicado algo de sentido común. Puede que ella hubiera tomado las mismas decisiones a pesar de eso. Una cosa es cierta: si ella hubiera estado rodeada de familiares o amigos, ellos podrían haber cuidado a ese niño.

Sin importar lo que afrontemos, Dios puede proporcionarnos su poder verdadero para ayudarnos a seguir. Uno de los mayores recursos para obtener fortaleza es la energía que otros nos proporcionan cuando nos sentimos solos. Cuando sientas que no puedes continuar, rodéate de personas que se interesen genuinamente por ti; eso tendrá un efecto poderoso y positivo en tus esfuerzos para avanzar. Recuerda: Dios está de tu lado, ¡y Él demuestra eso muchas veces por medio del amor que otros derraman sobre tu vida!

VIGORIZADO POR OTROS

Recientemente mantuve una conversación con una joven que me dijo que tenía un paralizante trastorno alimentario. Cada noche, se obsesionaba por toda la comida que quería devorar. Con lágrimas en sus ojos, dijo: "Nadie lo entiende". Su dolor era profundo y abrumador. Sólo porque ella se sintiera así, sin embargo, no significaba que lo que ella sentía fuese la verdad.

Muchas veces, cuando nos sentimos solos, tenemos la idea de que nadie en el mundo puede entender cómo nos sentimos. Sentirse solo es devastador, y nos deja sin energía.

Cuando nos rodeamos de personas positivas y alentadoras que verdaderamente quieren lo mejor para nosotros, no podemos hacer otra cosa sino sobresalir. Ellas nos vigorizan. Ellas nos elevan. Ellas nos ayudan a atravesar los momentos en que perdemos nuestra fortaleza. Los amigos piadosos viven según esta advertencia: "Eviten toda conversación obscena. Por el contrario, que sus palabras contribuyan a la necesaria edificación y sean de bendición para quienes escuchan" (Efesios 4:29).

Moisés fue uno de los mayores líderes de todos los tiempos. Un día en particular, nos dice Éxodo 17, él estaba furioso. La constante queja y las amenazas en su vida habían llegado a ser más de lo que él podía manejar. Clamó al Señor: "¿Qué he de hacer con este pueblo? Están listos para arrastrarme hasta el medio de un campo y apedrearme". No fue la primera vez que Dios oyó la frustración de Moisés, y tampoco sería la última.

Cuando la nación de Israel, aproximadamente con unos tres millones de personas, llegó a un lugar cerca de Refidim, establecieron el campamento y buscaron agua; pero no encontraron nada. Clamaron: "Nos morimos de sed aquí en el desierto. ¿Nos sacaste de Egipto sólo para vernos morir? ¡Danos algo para beber ahora!".

Moisés respondió: "¿Por qué luchan contra mí? El Señor es quien nos está guiando. Él nos trajo a este lugar. ¡Hablen con Él!".

Cuando Moisés expresó sus frustraciones al Señor, Dios le dio una respuesta. "Toma tu vara y a algunos de los ancianos, y vayan por el camino. Cuando llegues a una roca grande, yo te estaré esperando allí. Entonces golpea la roca con tu vara, y saldrá agua". Moisés hizo lo que el Señor le dijo que hiciera. Cuando los ancianos vieron el agua salir de la roca, supieron que Dios estaba con ellos.

De repente, los amalecitas atacaron a los israelitas, y Moisés envió a un joven llamado Josué a defenderlos. Mientras Josué luchaba contra los enemigos de Israel, Moisés subió a la cumbre del monte que tenía vistas al campo de batalla, y llevó a Aarón y Hur con él. Cuando él estaba en pie, manteniendo sus manos levantadas, Josué luchaba ferozmente contra los amalecitas.

Con el tiempo, Moisés se cansó. Cuando ya no pudo mantener sus manos levantadas, los amalecitas comenzaron a vencer a los israelitas. Entonces, cuando recuperó su fuerza, las levantó de nuevo y los israelitas vencían. Parecía como si no hubiera manera de obtener la victoria. Moisés se iba cansando, y necesitaba una solución. Finalmente, Aarón y Hur encontraron una piedra grande y la pusieron de modo que Moisés pudiera sentarse en ella. Entonces Aarón se puso a un lado de él y Hur al otro. Cada uno de ellos mantenía una de las manos de Moisés levantada hasta que Josué hubo derrotado a todo el ejército de los amalecitas. A la puesta del sol, la batalla había terminado.

En estas dos historias, Moisés se rodeó de personas que le ayudaron a lograr sus objetivos. Los ancianos pudieron respaldar lo que Moisés dijo sobre de dónde salió el agua. Si alguien cuestionaba su autoridad o su integridad, los ancianos servían para proteger su reputación y guardarlo de individuos que se quejaban. Hur y Aarón proporcionaron el aliento y la energía necesarios para que Moisés afectase el resultado de la batalla. Moisés no podría hacerlo solo. No era una exposición individual; necesitaba ayuda, y su grupo de amigos de confianza se la proporcionaron.

También nosotros necesitamos personas que levanten nuestras manos cuando no tengamos fuerzas. Cuando la vida parezca abrumadora, los amigos piadosos pueden ayudarnos a seguir adelante. Con personas alrededor de nosotros que quieren lo mejor para nuestras vidas, podemos encontrar la energía para hacer lo correcto.

HONESTIDAD CONTRA VERGÜENZA

Aunque es importante estar rodeados de personas que nos vigoricen, poco bien nos hace si no somos completamente transparentes con ellas. Como ilustra la siguiente historia, nuestro nivel de honestidad puede determinar si nos dirigimos o no al desastre o si experimentamos victoria.

Cuando nuestro avión se alejó de la puerta en el aeropuerto internacional de Newark, el capitán encendió los motores: primero el izquierdo, y después el derecho. Llegamos al final de la pista de rodaje y esperamos para poder despegar. Yo miré por la ventanilla y noté algo que nunca había visto en ningún vuelo.

Justamente debajo del motor izquierdo estaba goteando líquido a la pista. Parecían gotas de lluvia, pero no había ninguna nube en el cielo. El líquido caía del motor alrededor de una tacita por minuto.

Yo pensé: *Bien, puedo quedarme aquí sentado y no decir nada; pero si el motor se estropea en mitad del vuelo, lo más probable es que lamente mi silencio. ¿Vale mi orgullo las vidas de todos los que vamos en el vuelo?*

La sobrecargo estaba sentada en el asiento de partición del avión, de cara al resto de los pasajeros. Nosotros estábamos unas cuatro filas separados de ella. Sin más vacilación, le indiqué que se acercase y le mostré lo que veía. Ella dijo: "Informaré al capitán".

El primer oficial llegó enseguida, asintió con la cabeza, y miraba fijamente su reloj y la ventanilla casi por un minuto. Finalmente, dijo: "Cuarenta y dos gotas por minuto. Se lo diré al capitán".

Pasaron varios minutos, y entonces el capitán dijo: "Señoras y caballeros, uno de los pasajeros observó que gotea líquido del motor izquierdo. El primer oficial lo ha confirmado. Regresamos a la terminal para que el personal de mantenimiento lo revise, porque creemos en la seguridad en primer lugar".

El otro sobrecargo me miró, me hizo un gesto de aprobación y musitó: "¡Gracias!". Regresamos a la puerta, donde el personal de mantenimiento revisó el motor para asegurarse de que todo funcionase correctamente.

Después de haber despegado, me levanté para ir al baño. Cuando pasé al lado de la sobrecargo, ella dijo: "Estoy muy contenta de que nos alertase del problema. Imagine si algo peor hubiera sucedido. Nos gustaría darle las gracias. ¿Querrían usted y su familia unos helados de chocolate de los que servimos en primera clase?".

Cuando nos llevaron los postres, la familia se alegró. Mis hijas me dijeron: "Oye, papá, ¿puedes ver alguna otra cosa que vaya mal en el avión?". Decir la verdad no sólo ayudó a asegurar nuestra seguridad, sino que también nos dio un bonito dividendo.

Muchas veces evitamos decir la verdad a otros porque tenemos temor al rechazo o a la vergüenza. Esos temores no dejan que seamos abiertos y honestos, pero eso nos hace daño sólo a nosotros. La transparencia con Dios y con los demás nos mantiene en el camino correcto. Creo que Dios pone su mano sobre nuestro hombro y dice: "Está bien. Todo saldrá bien. Confía en mí y sé honesto". Cuando somos sinceros y honestos, la verdad tiene una manera poderosa de liberarnos. Como dice la Escritura: "y conocerán la verdad, y la verdad los hará libres" (Juan 8:32).

Una vez oí decir a un orador: "He descubierto que estoy, o bien en medio de una prueba, saliendo de una prueba, o entrando en una. ¡La tragedia es que las personas que hay en mi vida no están ayudando!". Aunque yo estaba convencido sobre las pruebas y la frecuencia con que las afrontamos, no pude evitar pensar: *¿Pero con qué tipo de personas se relaciona?*

Bartimeo, que había perdido su vista, encontró su lugar usual en el camino y mendigaba dinero. Aquel día, Jesús y sus discípulos pasaron por allí con un inmenso grupo de personas. Bartimeo preguntó a quienes estaban cerca de él qué era aquella conmoción. Ellos respondieron: "Jesús, el gran sanador, está pasando por aquí".

Cuando él oyó que el Maestro había llegado a su ciudad, su corazón se llenó de esperanza para recibir un milagro, una oportunidad transformadora. Para Bartimeo, Jesús representaba el definitivo poder para cambiar, así que levantó su voz por encima del ruido de la multitud y dijo: "¡Jesús, Hijo de David, ten compasión de mí!".

En Marcos 10:48 vemos algo interesante en este punto de la historia. Dice: "Muchos lo reprendían para que se callara". Bartimeo no hizo caso a nada de eso, y levantó su voz aún más. "¡Hijo de David, ten compasión de mí!".

Fue entonces cuando Jesús se detuvo y dijo: "Llámenlo". Entonces Marcos escribe: "—¡Ánimo! —le dijeron—. ¡Levántate! Te llama" (v. 49).

Jesús le preguntó: "¿Qué quieres que haga por ti?". El ciego dijo: "Rabí, quiero ver".

"Puedes irte —le dijo Jesús—; tu fe te ha sanado" (vv. 51–52).

Curiosamente, cuando Bartimeo era un mendigo solitario, la gente le reprendía. Cuando Jesús lo llamó, se convirtió en toda una estrella, y todos le alentaban. Ninguno de sus amigos le apoyó hasta que todos vieron que él estaba subiendo por la escalera social. Dios quiere que tengamos amigos mejores que esos.

PERSONAS QUE NOS LEVANTAN
EN LUGAR DE DERRIBARNOS

No hay sustituto para un amigo que nos levante en lugar de derribarnos. Los amigos piadosos edifican; nos sostienen cuando ya no podemos seguir por nuestras propias fuerzas.

Año tras año, la única fuente de movilidad del hombre era los amigos y familiares que lo llevaban de lugar en lugar sobre una camilla. Él no tenía esperanza de cambio; no tenía esperanza de recuperación. Dependía exclusivamente de la misericordia de otros; es decir, hasta ese encuentro que cambió su vida para siempre.

Circulaban rumores acerca de un hombre llamado Jesús que tenía reputación de sanar a los enfermos. Ese día, Él estaba enseñando en una casa a unos cuantos bloques de distancia.

Cuatro hombres que amaban a su amigo paralítico decidieron llevarlo a ver al sanador. Sentían que si él conocía a Jesús cara a cara, algo extraordinario sucedería. Aproximadamente una hora antes de la reunión, recogieron a su amigo, lo pusieron en una camilla, y lo transportaron durante bastante distancia.

Cuando llegaron a la casa donde estaba Jesús, descubrieron a cientos de personas que trataban de entrar. Aunque no había manera en que los cuatro hombres pudieran atravesar la multitud con su amigo, no estaban dispuestos a darse media vuelta. Habían llegado demasiado lejos para rendirse. Un amigo dijo a otro: "No puedo creerlo. Después de caminar toda esa distancia, no podremos ver a Jesús". Entonces otro dijo: "Oigan, tengo una idea. ¿Por qué no lo llevamos a la azotea y lo bajamos atravesando el techo?".

Los otros dijeron: "¿Estás loco? ¿Cómo vamos a llevarlo hasta la azotea? Además, ¿qué pensará el dueño cuando comencemos a abrir un agujero en su tejado?". El otro amigo respondió: "Dios ha abierto esta puerta de oportunidad. Vamos a intentarlo". Los cuatro amigos finalmente se pusieron de acuerdo. Dos de ellos subieron a la azotea mientras los otros dos levantaban al hombre tan alto como podían. Lo llevaron hasta el borde y lo sostuvieron allí hasta que los otros dos amigos también pudieran subir.

Los cuatro caminaron con cuidado por la azotea buscando el punto adecuado. Uno de ellos preguntó: "¿Dónde creen que estará el sanador?".

"Probablemente esté allí", dijo otro, señalando al centro de la casa.

Justamente a unos tres metros y medio por debajo de ellos, Jesús estaba enseñando a la gran multitud. La audiencia estaba formada por fariseos y maestros de la ley que habían llegado desde toda aldea en Galilea y las áreas circundantes. Algunos estaban genuinamente interesados en oír lo que Él tenía que decir. Otros buscaban una oportunidad de ponerle una trampa. A pesar de los núcleos de oposición, Dios estaba con Él para sanar a quienes necesitasen ayuda.

En lo alto de la azotea, dos amigos quitaban firmemente azulejos para crear la oportunidad de tener un encuentro, mientras que los otros dos sostenían a su amigo paralítico. El agujero que hicieron era lo bastante grande para bajarlo sobre su camilla. Sus cálculos fueron precisos. Cuidadosamente, se las arreglaron para situar a su amigo a los pies del Maestro.

Cuando Jesús miró hacia arriba y vio sus extraordinarios esfuerzos, quedó sorprendido. La fe de ellos le impresionó. Jesús sabía que a fin de que el hombre paralítico recibiera su milagro, necesitaría quitar algo que se interponía en su camino. De todos los problemas que este hombre tenía, su discapacidad física era la menor de sus preocupaciones. La barrera más importante que él afrontaba era el pecado. Cristo, lleno de compasión, dijo: "Amigo, tus pecados te son perdonados".

Inmediatamente, los maestros de la ley se enfurecieron, aunque no le dijeron nada a Él. Se decían para sí: "¿Quién se cree que es este hombre? Ningún hombre puede perdonar pecados excepto Dios. ¡Esto es blasfemia!".

Quizá fuese la amarga expresión en sus rostros o el hecho de que se negaran a mirar a Jesús a los ojos. Fuese cual fuese el caso, Jesús sintió la oposición; Él sabía que a ellos no les gustaba lo que acababan de oír. Él preguntó: "¿Por qué les molesta tanto el perdonar a alguien? ¿Por qué razonan así? ¿Qué es más fácil decir: 'Tus pecados quedan perdonados', o 'Levántate y anda'?" (Lucas 5:23).

En sus mentes, uno era blasfemo; el otro era milagroso. Nunca hay ninguna garantía para un milagro, y ellos lo sabían. No podían concebir un escenario en el que un ser humano pudiera tener la autoridad de perdonar pecados. Por tanto, no tenían respuesta.

Cristo convirtió la situación en un momento para enseñar. Les dijo: Si uno puede sanar a alguien que es paralítico, debe de ser divino. Si es divino, debe de decir la verdad. Por tanto, si uno puede sanar a alguien, puede, por tanto, perdonar sus pecados. Lleno de confianza en sí mismo, Jesús levantó la voz y dijo: "Yo soy el Hijo del Hombre, y Dios me ha dado autoridad en la tierra para perdonar pecados". Entonces cambió su enfoque de los maestros de la ley al hombre que estaba en la camilla, y extendió su mano con la palma hacia arriba. "A ti te digo, levántate, toma tu lecho y vete a tu casa".

De repente, nervios que nunca antes habían funcionado comenzaron a enviar señales por la espina dorsal del hombre a su corteza cerebral. Por primera vez, él sintió una sensación de hormigueo que era indescriptible. Inmediatamente se puso en pie y, para consternación de los maestros de la ley, tomó su lecho y se dirigió a la puerta. Mientras caminaba entre la multitud, volvió su mirada a Jesús y sonrió. Entonces miró a los fariseos con una sonrisa de satisfacción. Después de una pausa, levantó sus manos, se giró hacia la puerta y gritó: "¡Aleluya!". La multitud rompió en alabanza.

Los cuatro amigos del hombre miraron por el agujero que estaba sobre las cabezas de todos. La expresión de sus rostros lo decía todo. Sus lágrimas de gozo confirmaron lo que sintieron en sus corazones al comienzo del día. Se pusieron de pie de un salto y enseguida se dirigieron hacia el lateral del edificio y bajaron por donde se habían subido para felicitar a su amigo. Esta vez, ellos no tuvieron que agacharse para abrazarlo.

Quienes estaban dentro de la casa estaban atónitos

y dieron alabanza a Dios. Fueron llenos de asombro y dijeron: "Hoy hemos visto cosas extraordinarias" (paráfrasis de la historia tomada de Lucas 5:17–26 y Marcos 2:1–12).

El paralítico no habría tenido oportunidad de sanidad aquel día si no hubiera sido por la amorosa amistad de cuatro hombres. Ellos fielmente lo llevaron para que pudiera tener un encuentro cara a cara con Jesús y recibir un milagro. Sus nombres no están registrados en la Biblia ni en ningún libro de Historia, pero ellos fueron un hermoso ejemplo de un grupo de amigos de confianza que procuraron el mejor interés de su amigo. Todos se esforzaron por él, y cuando parecía que alcanzar su objetivo era imposible, exploraron todas las opciones hasta que encontraron un modo de tener éxito.

¿Tienes amigos que te aman así? ¿Harían tus mejores amigos todo lo necesario para asegurarse de que estés sano y seguro? ¿Estás rodeado de personas que quieren lo mejor para ti? Oro para que así sea. Te mereces tener grandes amigos. Dios quiere que estés rodeado de personas amorosas que se interesen por ti. Él quiere verte edificar un grupo de amigos piadosos.

FORMAR UN GRUPO DE RESPONSABILIDAD

Si eres serio en cuanto a vivir una vida de libertad y de poder, pon en práctica las siguientes claves para formar un grupo de personas que te eleven en lugar de derribarte.

1. Escoge personas que se comprometan contigo

Lo más probable es que Dios ya haya puesto a personas maravillosas en tu vida que pueden ayudarte a vencer las cosas que te retienen. Pide al Señor que te ayude a identificar a aquellos individuos que te mantendrán en movimiento en la dirección correcta. Tu cónyuge, tus padres, amigos, y personas en la iglesia pueden ayudarte a dirigirte hacia tus objetivos. (Si estás trabajando en tu matrimonio o en tus relaciones familiares y no tienes la confianza de pedirles que sean parte de tu grupo, enfócate en amigos y miembros de la iglesia).

En un matrimonio sano, *tu cónyuge* es la primera persona en la que pensar. El matrimonio es una unión en la cual esposo y esposa prometen cuidar el uno del otro. En lo bueno y en lo malo, en la salud y en la enfermedad, una pareja está comprometida a alentarse mutuamente a caminar en la dirección correcta. Puedes confiar en que tu cónyuge te ayude a vencer los problemas que afrontes. Puedes compartir cosas con tu cónyuge que no puedes compartir con ninguna otra persona. Dios diseñó el matrimonio para ser un puerto seguro. "Por eso el hombre deja a su padre y a su madre, y se une a su mujer, y los dos se funden en un solo ser" (Génesis 2:24).

En una familia sana, *los padres* y otros *familiares* son el segundo grupo a considerar. Estoy seguro de que te estarás preguntando: *¿No dijiste que agarramos patrones destructivos de generaciones pasadas?* Sí, pero este libro no habla de culpar a nuestros padres. No descartes a tus padres y familiares como apuestas viables para ayudarte en el curso de la vida. La mayoría de los padres son maravillosos regalos de Dios que quieren lo mejor para sus hijos. Los honramos aceptando lo bueno que ellos nos transmiten. "Honra a tu padre y a tu madre —que es el primer mandamiento con promesa— para que te vaya bien y disfrutes de una larga vida en la tierra" (Efesios 6:2–3).

Los *amigos* son el tercer grupo a considerar. Además de tu cónyuge y tu familia, quizá tengas amigos que estén dispuestos a hablar abiertamente y sinceramente contigo. Con frecuencia pueden servirte mejor en esta capacidad porque tienden a no enredarse en rivalidades de hermanos ni tener un historial de competición contigo. Además, con los amigos tienes una historia de confianza ya establecida. Ya sabes si puedes confiar en ellos, y los buenos amigos normalmente no tratan con falta de respeto a sus amigos.

Tu iglesia es un excelente recurso para encontrar personas que son piadosas y también están dispuestas a ayudar. El discipulado es un valor principal en muchas iglesias. No sólo tienen fuertes programas de responsabilidad, sino que también tienen personas que pueden ayudar a guiarte en el proceso de formar un grupo que sea correcto para ti. Especialmente si estás casado, elige personas que sean de tu mismo sexo. En cualquier momento en que compartes detalles sobre las tentaciones que afrontas, te vuelves vulnerable. Tener un grupo de personas del mismo sexo reduce mucho la posibilidad de desarrollar una relación inapropiada con alguien de tu grupo.

Cuando tengas una idea de las personas a las que quieras pedir que estén en tu grupo de responsabilidad, comienza a pensar en ellas a la luz del tono, el compromiso, la honestidad y en nivel espiritual que quieres en tu grupo. Tener claros esos elementos en tu mente te ayudará a escoger a las personas que te ayudarán a crear un grupo sano y piadoso.

2. Di a tu grupo de responsabilidad que quieres dejarlo

Antes de comenzar a reunirte con tu grupo de responsabilidad, diles que quieres dejarlo. Es decir, que quieres dejar de fumar, de beber, de maldecir, de gastar en exceso, de perder los nervios, de comer comida basura, de ver demasiada televisión, o cualquier cosa que quieras dejar de hacer. Dales permiso para preguntarte sobre tu progreso regularmente. Solamente saber que tendrás que enfrentarte a sus preguntas será un fuerte elemento disuasorio.

3. Asegúrate de que tu grupo sea positivo y alentador

Cada vez que te reúnas con tu grupo, debería haber una atmósfera que fomente tu crecimiento personal. Insiste en que el tono sea positivo y alentador. Asegúrate de que tu grupo de amigos de confianza te levante en lugar de derribarte. "Todos deben estar listos para escuchar, y ser lentos para hablar y para enojarse" (Santiago 1:19).

Sin considerar tus victorias o derrotas, debieras sentirte amado, alentado y aceptado por tu equipo de amigos de confianza. Cuando sientas que no puedes avanzar, la fortaleza y el apoyo de ellos te ayudarán.

"Ayúdense unos a otros a llevar sus cargas, y así cumplirán la ley de Cristo" (Gálatas 6:2).

4. Reúnete regularmente

Tener reuniones regulares es una de las claves más importantes para un grupo de responsabilidad sano. Habrá momentos en que reunirse de modo regular sea difícil o no parezca importante; pero la coherencia es necesaria para que tu grupo de responsabilidad sea eficaz. Así que comprométete a reunirte regularmente y a ser transparente sobre tus victorias, derrotas y luchas. "Mantengamos firme la esperanza que profesamos, porque fiel es el que hizo la promesa. Preocupémonos los unos por los otros, a fin de estimularnos al amor y a las buenas obras. No dejemos de congregarnos, como acostumbran hacerlo algunos, sino animémonos unos a otros, y con mayor razón ahora que vemos que aquel día se acerca" (Hebreos 10:23–25).

5. Sé transparente y a la vez confidencial

Todos los participantes en tu grupo de responsabilidad deberían sentirse libres para compartir su corazón sin temor a ser refutados, juzgados o sermoneados. Todo lo que se comparta debería mantenerse como confidencial, porque algunas personas puede que compartan algo que sea personal y no quieran que se diga. Todos deberían intentar refrenarse de decir cosas a la espalda de nadie. "El perverso provoca contiendas, y el chismoso divide a los buenos amigos" (Proverbios 16:28).

6. Haz de la oración una parte esencial de tu experiencia

Aprovecha la oportunidad de orar durante el tiempo que pasen juntos. De todas las cosas que podemos hacer en un grupo de apoyo, la oración es la más importante. Algo sucede cuando otros nos elevan en oración. Se rompen ataduras; vicios pierden su poder sobre nosotros. La esperanza llena nuestro corazón, y la sanidad llega a nosotros de modo maravilloso. Orar los unos por los otros es una manera en que experimentamos el amor y el interés de Dios. "Por eso, confiésense unos a otros sus pecados, y oren unos por otros, para que sean sanados. La oración del justo es poderosa y eficaz" (Santiago 5:16).

CÓMO ENCONTRÉ UN GRUPO QUE ERA CORRECTO PARA MÍ

—Hola, mi nombre es Jane, y soy hija de alcohólicos.
   —Hola, Jane —respondió el grupo.

Esas fueron las primeras palabras que oía en un grupo pequeño. Nunca olvidaré entrar en la reunión Doce Pasos para Hijos Adultos de Alcohólicos (ACA) y sentarme en el semicírculo. Yo tenía veintidós años y no conocía a ninguna otra persona en la sala. Para hacer las cosas más interesantes, yo era el único varón y el miembro más joven. Las mujeres de mediana edad hacían horribles relatos de vidas llenas de abuso físico, adicción a drogas, alcoholismo, dolor y tragedia. Dos de ellas estaban luchando para hacer funcionar su tercer y cuarto matrimonio. Otras se estaban recuperando de veinte años de abuso de sustancias. A mi edad, yo ni siquiera había desarrollado una buena cara impasible. Con cada testimonio, me quedaba cada vez más boquiabierto. Lo sentía genuinamente por ellas, pero me resultaba difícil sentir que yo pertenecía a ese grupo.

Cuando me llegó el turno de compartir, dije: "Miren, me siento bastante bien con mi vida. Quiero decir, sí, mi mamá luchaba con el alcoholismo, pero nada como lo que acabo de oír aquí esta noche".

Estoy bastante seguro de que no agradecieron mi comentario. Al final de la reunión, sólo una mujer dijo: "Bien, esperamos verte la próxima semana".

Aunque no regresé a ese grupo, seguía teniendo el deseo de soltar las cosas problemáticas que estaba cargando. Dos semanas después, entré a una iglesia local que tenía un programa de grupos pequeños pensado para personas que quisieran romper los patrones de disfunción generacional. El grupo estaba compuesto por hombres y mujeres, y unos cuantos tenían mi edad. Esa vez, decidí quedarme.

Cada semana, compartíamos las luchas que librábamos y nuestras esperanzas de un futuro mejor. Funcionábamos bajo un acuerdo de confidencialidad, el cual prohibía que cualquiera de nosotros repitiera fuera de las paredes de nuestro lugar de reunión la información que compartíamos. Eso creaba una atmósfera de seguridad, confianza y apertura. Poder compartir de ese modo y reunirnos regularmente ayudó a afianzar el proceso de sanidad de Dios en nosotros.

Después de seis meses, yo era un hombre diferente. El tiempo que pasé en mi grupo pequeño produjo una tremenda sanidad en mi corazón. Estoy tan convencido de su eficacia que decidí dedicar un capítulo entero en este libro a alentarte a que el reunirte con un pequeño grupo de apoyo sea una prioridad en tu proceso de cambio.

Dios te ofrece verdadero poder en un momento en que más lo necesitas. Una red cercana de amigos de confianza en los cuales puedas confiar puede evitar que te desvíes del curso, que caigas en tentación, y que tomes decisiones que más adelante lamentes. Mientras tu grupo sea abierto, alentador, comprometido, honesto y dispuesto a orar, experimentarás una tremenda transformación. Tus mejores días llegarán con rapidez.

Antes de concluir este capítulo, me gustaría dejarte con un pensamiento final. Mi mamá tuvo muchas luchas y dificultades en su vida. Ella viajó por la oscuridad de la depresión durante comienzos de los años noventa. Sobrevivió a la muerte de un cónyuge y, como viuda, vivió sola por muchos años. Puedo decir sinceramente que ella ha aceptado plenamente los seis pasos sugeridos en este libro, especialmente éste. Ella ha hecho un excelente trabajo en establecer relaciones en la iglesia que le han ayudado en su crecimiento espiritual. En un momento en que podría haber sido fácil huir y ocultarse, o dejar fuera a todos los demás, ella decidió buscar la ayuda de Dios. Comenzó a leer la Biblia y a orar; asistió a una iglesia local; estableció sanas relaciones con personas de igual creencia.

Si mi familia puede vencer los patrones destructivos que se transmiten de una generación a la siguiente, si podemos experimentar el poder liberador de Cristo, y si podemos vencer las cadenas de la opresión, entonces solamente imagina lo que Dios puede hacer en tu vida.

Imagina lo que Él puede hacer en tu familia. Imagina lo que Él puede hacer en tu matrimonio o con tus hijos. Imagina las posibilidades y el potencial que Dios ha puesto delante de ti. Tú eres la niña de sus ojos, y Él te anima y te apoya.

Una vez más, terminaremos este capítulo con una breve oración. En este punto, ya entiendes lo importante que es la oración cuando nos acercamos a Dios para ser transformados. Juntos, pediremos a Dios dirección para que nuestras vidas estén rodeadas por las personas correctas que puedan ayudarnos con este paso final.

Señor, gracias por amarme tanto. Entiendo lo afortunado que soy. Tú te interesas profundamente por mi vida, y quieres que me mantenga en curso. No es tu voluntad que me desvíe del curso, así que te pido que me ayudes a encontrar los amigos correctos y personas en las que pueda confiar. Que un grupo de asociados de confianza me ayude a mantener mis ojos en ti. Siempre que me aleje del camino, que me den el consejo necesario para que no vuelva a caer en patrones de autodestrucción. Necesito tu guía.

Te pido que me ayudes a ver con tus ojos y a oír con tus oídos. Te pido que me des la mente de Cristo y la sabiduría de Dios en todas las cosas. Entrego mi vida a ti, y te pido esto en el precioso nombre de Jesús. Amén.

¡Desata verdadero poder en tu vida!

RECIENTEMENTE, UN AMIGO ME ENVIÓ un mensaje de correo electrónico mencionando un interesante estudio realizado hace unos cien años. El estudio examinó a dos individuos, contemporáneos, que vivían en Nueva York, y a los descendientes de su familia. El estudio miraba los efectos de las vidas de esos dos hombres sobre sus hijos y las generaciones que siguieron.

Uno de los hombres no creía en Dios y promovió una vida de sexo libre, ninguna regla y ninguna responsabilidad. El segundo hombre era conocido por ser disciplinado. Llegó a ser pastor y dirigió mediante un fuerte ejemplo. Fue autor de varios libros y predicó a muchas personas en toda su vida. Lo más importante es que colaboró con Dios, y las decisiones que tomaba eran un reflejo directo de esa colaboración. Se casó con una mujer que tenía profundas convicciones espirituales y una relación comprometida con Dios.

Los resultados de los valores de aquellos dos hombres sobre sus descendientes no podrían haber sido más distintos. El primer hombre tuvo 1.026 descendientes, de los cuales trescientos fueron presidiarios, 190 fueron prostitutas, veintisiete fueron asesinos, y 509 se hicieron adictos al alcohol o las drogas. Hasta los años cincuenta, sus descendientes habían costado al Estado de Nueva York 1.2 miles de millones de dólares. Como contraste, el segundo hombre tuvo 929 descendientes, de los cuales 430 fueron ministros, 314 fueron veteranos de guerra, setenta y cinco fueron escritores, ochenta y seis fueron profesores universitarios, trece fueron presidentes de universidades, siete fueron congresistas, tres fueron gobernadores, y uno fue vicepresidente de los Estados Unidos.[1]

El primer hombre rechazó a Dios. El segundo colaboró con Él. Uno produjo descendientes que fueron una carga para la sociedad. El otro creó descendientes que moldearon la sociedad. Uno escogió una vida de libertinaje. El otro escogió una vida de disciplina. Uno caminó en autodestrucción. El otro caminó en las bendiciones de Dios.

Hay una lección que aprender aquí sobre el modo en que nuestras vidas afectan a las generaciones que nos siguen. Si escogemos alcohol, drogas, materialismo, libertinaje, o una vida temeraria por encima del plan de Dios, pagamos un alto precio y también lo paga la siguiente generación. Si caemos en patrones de autodestrucción, no somos los únicos que sufren: las generaciones que nos siguen también sufren. Una vida llena de idolatría produce disfunción emocional y espiritual que plagará a las siguientes tres y cuatro generaciones (Éxodo 20:5).

Por el contrario, si escogemos caminar con Dios, nuestros descendientes cosecharán una bendición. Una vida en colaboración con Dios deja una abundante herencia para quienes siguen. Seguir las leyes espirituales de Dios producirá bendiciones en tu familia por mil generaciones (Éxodo 20:6). El mensaje central de este libro es sencillo: una vida con Dios es mucho mejor que una vida sin Él. Debido a Él, nuestras vidas son bendecidas. Una vida sin Él está llena de autodestrucción, soledad, depresión y aislamiento.

El segundo hombre en el estudio mencionado anteriormente fue el pastor y teólogo del siglo XVIII

Jonathan Edwards. Él marcó una diferencia con su vida, tal como lo hicieron sus descendientes. Edwards dejó tras sí una abundante herencia que continúa hasta la actualidad. Al reflexionar en tu propia vida, ¿qué tipo de herencia estás dejando? Si hubiera que estudiar tu vida, ¿sería considerada una bendición para las generaciones que te siguen? ¿Qué estás transmitiendo a la siguiente generación?

Al escribir este libro, siento el abrumador amor de Dios por ti. Sé que Él cree en ti y que está dispuesto a capacitarte para cambiar las cosas destructivas que haya en tu vida. Él quiere que des un salto gigantesco hacia delante; ¡Él es tu mayor fan! Por tanto, si no estás viviendo la vida que quieres, aplicar los seis pasos que hemos cubierto en este libro te ayudará a experimentar el avance que buscas. Debido a que estos seis pasos son tan cruciales para tu transformación, volvamos a repasarlos.

1. DESCUBRE TU *PORQUÉ*

Antes de que pueda producirse la transformación personal, debemos descubrir por qué queremos cambiar. Debido a que nuestro deseo de ser diferentes alimenta el cambio que anhelamos, nuestras razones para cambiar deben ser más fuertes que nuestras excusas para no cambiar. Si no son más fuertes, no seremos capaces de acceder al poder de Dios para reinventarnos.

2. CAMBIA TUS PERCEPCIONES

Cuando los patrones destructivos en nuestras vidas evitan que veamos la luz de la esperanza, necesitamos cambiar nuestras percepciones. Este cambio comienza con ver nuestras vidas como verdaderamente son. Y cuando nuestros ojos son abiertos, reconocemos la necesidad de que Dios se implique en cada parte de nuestras vidas.

3. CAMBIA EL CICLO DE CONDUCTA DESTRUCTIVA

El tercer paso en nuestro viaje hacia la libertad es identificar los patrones de conducta destructiva que nos han sido transmitidos por generaciones anteriores. Rompemos su influencia sobre nosotros y sobre las generaciones que siguen apropiándonos de tres potentes claves: una constante transferencia de liderazgo, aprender a tratar la tentación, y llegar a ser conscientes de lo que decimos, sentimos y hacemos.

4. FORMA BUENOS HÁBITOS

Quiénes somos y las elecciones que hacemos están determinados en gran medida por nuestro modo de pensar. Pensamientos piadosos conducen a la bendición. Pensamientos impíos nos guían hacia la destrucción. Si queremos ver el poder de Dios en nuestras vidas, escogemos transformar nuestro modo de pensar tomando la mente de Cristo. Tres poderosos hábitos nos ayudan a renovar nuestra mente, y en última instancia moldean nuestro destino: escuchar enseñanza bíblica, tener comunión unos con otros y la oración.

5. ESCOGE PERDONAR

La amargura es como un veneno que bebemos esperando que inflija dolor a quienes despreciamos; pero solamente termina hiriéndonos a nosotros. Si no perdonamos a quienes nos han ofendido, inevitablemente afrontamos consecuencias devastadoras. La amargura que echa raíz en nosotros no desaparece con el tiempo; por el contrario, sólo empeora hasta que tomemos la decisión de soltarla. La receta del Señor es sencilla: el perdón es una decisión, no una emoción. El perdón es también un proceso continuado. Cuando sentimientos de traición y de dolor regresan a la superficie, nos recordamos a nosotros mismos escoger continuamente dejar el pasado en el pasado.

6. VENCE CON LA AYUDA DE OTROS

Rodearnos de personas piadosas es uno de los pasos más importantes en nuestra transformación. Sin rendir cuentas a otros, permanecemos en gran peligro de desviarnos del curso. Los ojos, los oídos y los sentidos de personas de igual fe nos dan dirección. Necesitamos la objetividad de ellos, especialmente en tiempos de problemas y transición.

UNAS PALABRAS FINALES

Finalmente, quiero decirte: *permanece en curso.* Aunque el viento soplará y la turbulencia hará que el aire que te rodea sea inestable, Dios te dará la guía que necesites. Él te levantará con su diestra (Isaías 41:10).

Espera retrasos en el proceso de reinventarte. Cambiar tu vida no se hace de la noche a la mañana. Muchos de los patrones de destrucción en los cuales nos encontramos se forman con años; y tomará tiempo para dejarlos atrás. De muchas maneras, es como hacer una dieta. Si son necesarios veinte años para engordar cincuenta kilos, no deberíamos esperar perder ese peso en una semana. Cuando la transformación parezca lenta, recuerda que Dios está a tu lado, y ganarás la buena batalla.

Dios desea convertir tus desastres en victorias. Él quiere ver a sus hijos caminar en las bendiciones de Él. Quiere romper las cosas que te retienen mediante una colaboración que tú formas con Él. Quiere que tu vida sea bendecida. Quiere que experimentes nueva vida.

La única solución verdadera para romper las cadenas de la opresión, la adicción y la disfunción es el poder que Cristo nos da mediante una relación diaria con Él. Eso es precisamente lo que espero que experimentes. Esa es mi oración para tu vida.

En cada capítulo he incluido una oración que puedes utilizar cuando hables con Dios. Ahora quiero concluir este libro y el tiempo que hemos pasado juntos orando por ti. Imagina que pongo mi mano sobre tu hombro mientras hago la oración siguiente por ti:

Señor, levanto a mi amigo que tiene este libro en sus manos. Llena cada espacio en esta maravillosa vida que tú has creado. Que tú proveas para cada necesidad, que toques cada área, y liberes esta vida de todo lo que la retenga. Sé el gran potencial que tú ves en esta hermosa vida. Creo que los mejores días para mi amigo se acercan con rapidez, así que te pido que abras puertas maravillosas y que derrames tus bendiciones en la vida de mi amigo. Haz avanzar esta vida más allá de los patrones destructivos que él o ella afronten en la actualidad. Trae un nuevo día, donde la conversación negativa con uno mismo se disipe y los ataques del enemigo comiencen a disminuir.

Inicia tus hábitos y tu modo de pensar, para que mi amigo pueda experimentar tu poder y tu fortaleza en cada área de la vida. Dale a mi amigo la fortaleza para vivir una vida de perdón y de libertad de toda amargura. Rodea a mi amigo de personas que le hagan rendir cuentas y le mantengan en el curso correcto contigo. Te pido que el pasado, el presente y el futuro sean un legado de tu fortaleza y tu testimonio, ¡y que bendigas a esta persona y a su familia por mil generaciones! Te lo pido en tu precioso y santo nombre, Cristo Jesús. Amén.

¡Que Dios te bendiga abundantemente en cada área de tu vida!

Preguntas para la reflexión y la discusión en grupo

INTRODUCCIÓN: NECESITAS EL PODER PARA REINVENTARTE?

Estoy convencido de esto: el que comenzó tan buena obra en ustedes la irá perfeccionando hasta el día de Cristo Jesús (Filipenses 1:6).

Preguntas para la reflexión personal

1. ¿En qué área de tu vida necesitas experimentar un avance?
2. ¿Cuáles son algunas de tus mayores frustraciones personales?
3. Si pudieras chasquear tus dedos y hacer que sucedieran de inmediato tres cosas concretas, ¿qué querrías que sucediera?

4. ¿Qué es una cosa en tu vida que siempre has querido cambiar?

5. ¿Qué te quita el sueño en la noche?

6. ¿Eres quién quieres ser? Si no, ¿qué ajustes sientes que necesitas hacer?

Preguntas para la discusión en grupo

1. ¿De qué maneras te sientes atascado?

2. Según tu opinión, ¿quiere Dios que vivas una vida victoriosa? Si es así, ¿cómo se ve esa vida?

3. ¿Qué es necesario a fin de que Dios tenga la libertad de comenzar a transformar tu vida?

Aplicaciones

1. Cada día, recuérdate que Dios te ama y que eres alguien a quien Él creó de forma maravillosa. Él puede transformar tu vida mientras tú estés dispuesto.

2. El Señor quiere darte libertad, gozo, paz, y los deseos de tu corazón. Como dijo Jesús: "El ladrón no viene más que a robar, matar y destruir; yo he venido para que tengan vida, y la tengan en abundancia" (Juan 10:10).

CAPÍTULO 1: DESCUBRE TU *PORQUÉ*

Y tú, Salomón, hijo mío, reconoce al Dios de tu padre, y sírvele de todo corazón y con buena disposición, pues el Señor escudriña todo corazón y discierne todo pensamiento. Si lo buscas, te permitirá que lo encuentres; si lo abandonas, te rechazará para siempre (1 Crónicas 28:9).

Preguntas para la reflexión personal

1. Piensa en un momento en que cambiaste algo en tu vida. ¿Qué te motivó?¿Qué te capacitó para terminar la tarea?

2. ¿Cuál es tu *porqué* (razón) para cambiar? ¿Estás motivado por el temor, las metas, la indignación, o un deseo de una vida más sana?

3. ¿Hay problemas en tu vida que nunca has sido capaz de resolver? Si es así, ¿cuáles son? Según tu opinión, ¿por qué nunca has sido capaz de resolverlos?

4. ¿Cuál es el *Sí, pero. . .* (excusa) que te ha mantenido en el mismo lugar?

5. Si el Señor te preguntase, "¿Qué quieres que yo haga por ti", ¿cuál sería tu respuesta? ¿Por qué?

Preguntas para la discusión en grupo

1. ¿Qué te gustaría ver suceder en tu vida como resultado de aprender el material de este libro?

2. ¿Puedes llegar a ser quién Dios quiere que seas y quién tú quieres ser?

3. ¿Cuál es la mayor razón de que no hayas avanzado?

Aplicaciones

1. Di a ti mismo cada mañana que para Dios, *todo es posible* (Mateo 19:26). A medida que te emprendes en romper los patrones destructivos en tu vida, recuerda que Dios te capacitará para hacerlo.

2. Escribe un porqué (razón para el cambio) que sea correcto para ti. Piensa en cómo eso te motivará a ser colaborador de Dios para reinventarte.

CAPÍTULO 2: CAMBIA TUS PERCEPCIONES

El dios de este mundo ha cegado la mente de estos incrédulos, para que no vean la luz del glorioso evangelio de Cristo, el cual es la imagen de Dios (2 Corintios 4:4).

Preguntas para la reflexión personal

1. ¿Qué relaciones, conflictos, tragedias, dificultades o desafíos han formado la manera en que percibes el mundo?
2. ¿Qué maneras de pensar erróneas necesitan ser cambiadas a fin de que dejes de sobrevivir y comiences a vivir?
3. ¿En qué maneras sientes que Satanás ha nublado tu percepción?
4. ¿Hay un patrón destructivo que quieras romper? ¿Es un patrón que ha afectado a anteriores generaciones en tu familia?
5. ¿Te has dicho alguna vez a ti mismo: "Cuando crezca, voy a ser distinto a mis padres. ¡Nunca trataré a otros del modo en que me tratan a mí!"? ¿De qué maneras quieres ser distinto? ¿Eres distinto?

Preguntas para la discusión en grupo

1. ¿De qué maneras puede una percepción malsana evitar que vivas la vida que quieres vivir?
2. ¿Cuál fue el impacto del encuentro de Moisés con Dios en el monte? ¿Cómo cambió eso su percepción?
3. ¿Cómo puede una relación con Dios reflejar el verdadero estado de tu carácter, disposición y actitud? ¿Cómo es esto útil en tu búsqueda de reinventarte? ¿Por qué es tan importante? ¿Qué papel desempeña la Biblia para ayudarte a eliminar una percepción distorsionada?

Aplicaciones

1. Lee Juan 8:32 y pide a Dios que te ayude a descubrir la verdad sobre lo que te retiene. Comienza leyendo el libro de Juan diariamente para descubrir verdad. Da permiso a Dios para ayudarte a dejar atrás los patrones destructivos en tu vida.

2. Proponte recordar que a pesar de cuál sea tu trasfondo, Dios quiere que experimentes una poderosa transformación. Según Dios, tú eres la niña de sus ojos (Zacarías 2:8).

CAPÍTULO 3: ROMPE EL CICLO DE CONDUCTA DESTRUCTIVA

No te inclines delante de ellos ni los adores. Yo, el SEÑOR tu Dios, soy un Dios celoso. Cuando los padres son malvados y me odian, yo castigo a sus hijos hasta la tercera y cuarta generación. Por el contrario, cuando me aman y cumplen mis mandamientos, les muestro mi amor por mil generaciones (Éxodo 20:5–6).

Preguntas para la reflexión personal

1. ¿Qué buscas de modo regular, coherente o habitual que produce gratificación o un impulso en un momento de necesidad, dolor o ansiedad?

2. ¿Tienes algún ídolo que te aleje de un modo de vida sano y piadoso?

3. Si Cristo vino para ayudar a quienes están atascados en patrones destructivos, ¿de qué maneras concretas puede Él ayudarte a experimentar libertad?

4. ¿De qué área de tu vida sientes que es más difícil transferirle el liderazgo a Dios?
5. ¿Cuáles son algunas de tus mayores tentaciones?
6. Al emprender el romper el ciclo, ¿qué pasos prácticos puedes dar para ser consciente de lo que dices, sientes y haces?

Preguntas para la discusión en grupo

1. ¿Observas una relación entre cuando te sientes ansioso y cuando participas en una conducta destructiva?
2. ¿De qué maneras quebrantar los dos primeros mandamientos afecta a las generaciones que nos siguen? ¿Cuáles son algunos ejemplos de ídolos en nuestra sociedad hoy día?
3. Si anteriores generaciones han desarrollado patrones de destrucción, ¿estamos nosotros condenados a seguir sus pasos? Si no es así, ¿cuál es la solución que Dios nos ofrece?
4. ¿Cuáles son algunas cosas prácticas que has hecho para vencer la tentación?

Aplicaciones

1. Las tres claves para la libertad son: transferir el liderazgo de tu vida a Dios, aprender a tratar la tentación, y ser consciente de lo que dices, sientes y haces. ¿Cómo puedes implementar estas claves en tu vida?
2. Cuando estés ansioso, pregúntate: *¿Qué estoy sintiendo en este momento? ¿Siento desesperanza, enojo, dolor, resentimiento?* Busca una manera de expresar tus verdaderos sentimientos al Señor, y pídele ayuda para

tratarlos. Piensa en 1 Pedro 5:7: "Depositen en él toda ansiedad, porque él cuida de ustedes".

CAPÍTULO 4: FORMA BUENOS HÁBITOS

No se amolden al mundo actual, sino sean transformados mediante la renovación de su mente. Así podrán comprobar cuál es la voluntad de Dios, buena, agradable y perfecta (Romanos 12:2).

Preguntas para la reflexión personal

1. ¿Es cierto que podemos cambiar nuestro destino si cambiamos nuestra mentalidad? Si es así, ¿cómo quieres que se vea tu destino? ¿Qué tipo de mentalidad necesitarías a fin de alcanzar tu destino deseado?
2. ¿Cuáles son algunas de las cosas destructivas que te dices a ti mismo una y otra vez? ¿Cómo puedes combatir esos pensamientos destructivos? ¿Cuáles son algunos ejemplos bíblicos para una sana conversación con uno mismo?
3. ¿Qué cosas prácticas puedes hacer para llevar todo pensamiento a la obediencia a Cristo?
4. ¿Cuáles son algunos de los pensamientos que Dios quiere que pienses?
5. ¿Cómo cambia la oración nuestros mundos interior y exterior? ¿Cómo te sientes cuando conectas con Dios en una conversación real y significativa?

Preguntas para la discusión en grupo

1. ¿Cómo podemos adquirir la mente de Cristo? ¿Por qué es esto tan importante en el proceso de la verdadera reinvención?

2. ¿De qué maneras son tus pensamientos el mayor adversario al que te enfrentas?
3. ¿Cómo te ayudan estudiar la Biblia, pasar tiempo en comunión y la oración a cambiar tu vida? ¿Qué resultados puedes esperar en tu vida practicando estas cosas?

Aplicaciones

1. Intenta pasar tiempo cada día leyendo tu Biblia.
2. Busca a quienes tengan una fe similar, e invierte tiempo en una relación significativa con ellos.
3. Toma tiempo cada día para tener una conversación significativa con el Señor.

CAPÍTULO 5: ESCOGE PERDONAR

«Si se enojan, no pequen». No dejen que el sol se ponga estando aún enojados, ni den cabida al diablo (Efesios 4:26–27).

Preguntas para la reflexión personal

1. ¿Hay alguien a quien hayas sido incapaz de perdonar?
2. ¿Ha habido un incidente en tu vida que sintieras que era injusto y, como resultado, has albergado descontento contra el Señor?
3. ¿Necesitas perdonarte a ti mismo por algo que le hayas hecho a alguien (o a ti mismo)?
4. ¿De qué maneras pueden la amargura y el enojo volverse venenosos, contagiosos y que atan?
5. ¿Por qué debe ser una elección el perdón?
6. ¿Cómo ha mostrado perdón Dios hacia ti? ¿De qué maneras has experimentado su perdón?

7. ¿Es más difícil para ti perdonar a personas que no se preocupan lo más mínimo por si te han hecho daño, o pedir a personas a quienes no crees haber herido que te perdonen? ¿En qué área es más fuerte tu orgullo?

Preguntas para la discusión en grupo

1. ¿Qué nos sucede cuando nos negamos a perdonar a quienes nos han ofendido?
2. ¿Lo cura todo el tiempo?
3. ¿Cuáles fueron las consecuencias para la familia del rey David debido a su negativa inicial de confesarlo todo y alejarse de sus malos deseos (ver 2 Samuel 11, 12:1–22).
4. ¿Qué pasos podemos dar para ofrecer perdón a quienes nos han herido?

Aplicaciones

1. Toma una hoja de papel y escribe los nombres de quienes te han herido. Después, con voz audible, di cada nombre, seguido por la frase: "Te perdono". Recuerda el Padrenuestro, y pide a Dios que te ayude a encontrar la fortaleza para perdonar a quienes te hayan ofendido (Lucas 11:2–4).
2. Cuando no sientas ganas de perdonar a quienes te ofendieron, recuerda esto: si alguien ha afectado de modo negativo tu pasado, no des a esa persona la oportunidad de estropear tu futuro. Libera a la persona y suelta la ofensa. "Carguen con mi yugo y aprendan de mí, pues yo soy apacible y humilde de corazón, y encontrarán descanso para su alma" (Mateo 11:29).

CAPÍTULO 6: VENCE
CON LA AYUDA DE OTROS

Hermanos míos, si alguno de ustedes se extravía de la verdad, y otro lo hace volver a ella, recuerden que quien hace volver a un pecador de su extravío, lo salvará de la muerte y cubrirá muchísimos pecados (Santiago 5:19–20).

Preguntas para la reflexión personal

1. ¿En qué áreas desafiantes de tu vida sientes que amigos piadosos serían de aliento? ¿Cómo podrían ayudarte a vencer las cosas que te están reteniendo?

2. ¿Tienes algún amigo que te derribe en lugar de levantarte? ¿Por qué te sientes atraído a él o ella?

3. ¿En qué tipo de persona podrías convertirte, qué grandes cosas podrías lograr, y qué patrones destructivos podrías vencer si tuvieras un grupo de amigos de confianza para ayudarte en esas áreas?

4. Piensa en las seis personas con quienes pasas más tiempo. Cuenta a tu familia como una sola persona. Es probable que te vuelvas como esas seis personas. ¿Es eso deseable? ¿Quieres llegar a ser como ellas?

Preguntas para la discusión en grupo

1. ¿Por qué es importante tener un grupo de responsabilidad compuesto por personas del mismo sexo?

2. ¿Qué dice la Biblia sobre el tipo de amigos con quienes escogemos estar?

3. ¿Cómo podemos encontrar un balance entre tener amigos que puede que no compartan nuestra fe y rodearnos de personas que nos alienten a vivir una vida piadosa?

Aplicaciones

1. Pide a Dios que te ayude a descubrir a las personas correctas para ayudarte a avanzar. Recuerda: Dios responde la oración. "No se inquieten por nada; más bien, en toda ocasión, con oración y ruego, presenten sus peticiones a Dios y denle gracias" (Filipenses 4:6).
2. Toma una hoja de papel y escribe los nombres de personas que creas que formarían el grupo de responsabilidad adecuado para ti. Pregúntales si están dispuestas a comprometerse a hacer esto por ti.

Notas

CAPÍTULO 3: ROMPE EL CICLO DE CONDUCTA DESTRUCTIVA

1. Michael Windle, "Concepts and Issues in COA Research", *Alcohol Health and Research World* 21(3):185–91. http://en.wikipedia.org/wiki/Alcoholism_in_family_systems#cite_note-WINDLE1997-9
1. Richard D. Dobbins, "Bonds and Boundaries in Your Relationship with God". http://www.drdobbins.com/guidelines-details.asp?artid=80&catid=100

CAPÍTULO 4: FORMA BUENOS HÁBITOS

1. "NCC's 2009 Yearbook of American & Canadian Churches reports decline in Catholic, Southern Baptist membership". *News from the National Council of Churches* (New York: 23 de febrero de 2009). http://www.ncccusa.org/news/090130yearbook1.html

2. Hunter Baker, "Is Church Attendance Declining?" *Christianity Today* (sólo Web) (8 de noviembre de 2007). http://www.christianitytoday.com/ct/2007/novemberweb-only/145-42.0.html
3. Claudia Wallis, Jeanne McDowell, Alice Park, Lisa H. Towle, "Faith & Healing", *Time.com* (24 de junio de 1996). http://www.time.com/time/magazine/article/0,9171,984737,00.html

CAPÍTULO 5: ESCOGE PERDONAR

1. William J. Cromie, "Anger can break your heart". *Harvard University Gazette* (21 de septiembre de 2006).http://www.news.harvard.edu/gazette/2006/09.21/01-anger.html
2. Sandra Ray, "Stress-Related Diseases", *Livestrong.com* (16 de julio de 2009). http://www.livestrong.com/article/5960-stressrelated-diseases/
3. S. I. McMillen y David E. Stern, *None of These Diseases* (Grand Rapids, Mich.: Fleming H. Revell, una división de Baker Publishing Group, 1963, 1984), pp. 220–21. Usado con permiso.

CAPÍTULO 6: VENCE CON LA AYUDA DE OTROS

1. Bajado de http://en.wikipedia.org/wiki/Korean_Air_Lines_Flight_007 ; http://conservapedia.com/Korean_Airlines_Flight_007 ; aviation-safety.net/database/record.php?id=19830901-0 .

CONCLUSIÓN

1. "Jukes and Edwards: Significant Statistics of Two American Families", *New York Times*, 22 de julio de 1900.

Acerca del autor

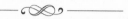

JASON FRENN PROVIENE DE lo que él denomina de modo humorístico "una familia loca". Mientras se criaba en un hogar no tradicional donde el divorcio, el alcoholismo y el desacuerdo familiar eran la norma, se dio cuenta de que no podía romper la disfunción por él mismo. Después de que una familia hispana lo invitara a asistir a la iglesia en 1981, comenzó a acudir a Dios en busca de ayuda y encontró la fortaleza en Cristo para vencer los patrones destructivos que habían asolado a su familia por años. En 1991 dejó su puesto empresarial como representante de ventas muy exitoso y comenzó a servir en el ministerio a tiempo completo. Después de obtener su licenciatura en Ciencias históricas/políticas y una maestría en liderazgo eclesial por la Universidad Vanguard, Jason y su esposa se mudaron a Costa Rica como misioneros con las Asambleas de

Dios. Desde esa época, él ha viajado por todo el mundo como misionero-evangelista y conferencista. Con los años, ha realizado más de cincuenta campañas evangelísticas en ciudades en América Latina y los Estados Unidos, y ha hablado a más de tres millones de personas, con doscientas mil tomando por primera vez la decisión de seguir a Cristo.

Jason es un dinámico orador y escritor que utiliza emocionantes testimonios personales y principios bíblicos para inspirar a audiencias en todo el mundo. Además de las campañas que realiza en ciudades, es un conferencista muy reclamado para audiencias en iglesias, organizaciones sin ánimo de lucro y negocios. Jason es el fundador de Taking It to the Nations y Power to Change International. Él realiza un programa de radio en vivo en la red Radio Nueva Vida, con 475.000 oyentes. Frecuentemente es orador invitado en la emisión *Hour of Power* para la Catedral de Cristal en Garden Grove, CA. Para más información, puedes visitar su página web: www.jasonfrenn.com.